LORIN

SIX VICTIMES

DE

LA TERREUR

EXTRAIT DU XIe VOLUME

DES *Mémoires de la Société archéologique de Rambouillet*

TOURS

IMPRIMERIE DESLIS FRÈRES

1896

SIX VICTIMES DE LA TERREUR

DU MÊME AUTEUR :

Florian au Val Saint-Germain (t. VIII, in-8 des *Mémoires de la Société archéologique de Rambouillet*, 1888).
Victor Hugo à Montfort (*id.*).
Colin d'Harleville à Émancé (t. IX, in-8 des *Mémoires*, 1891).
Une excursion à Pontchartrain ; le duc de Nivernais et Alfred de Musset (*id.*).
Une soirée au château de Rambouillet, en novembre 1636 (*id.*).
Desportes aux Vaux-de-Cernay (t. X des *Mémoires*, 1895).
Une excursion à Port-Royal-des-Champs (*id.*).
Épitaphe de Racine (*id.*).
Racine à Port-Royal et à Chevreuse (*id.*).
Une excursion à Dourdan (*id.*).
Le consul Lebrun (*id.*).
Convocation des États généraux à Dourdan (*id.*).
Florian chez le duc de Penthièvre, à Rambouillet (*id.*).
Convocation des États généraux à Montfort (*id.*).
Le District de Montfort d'après un almanach du temps (*id.*).
Le curé de Boissy-sans-Avoir (*id.*).
Une victime de la Terreur à Arpajon (*Bulletin de la Société historique de Corbeil*, 1896).

EN PRÉPARATION :

Les Rohan-Rochefort pendant la Révolution.
Les prisons de Rambouillet sous la Terreur.
Henry le Vasseur maire et sous-préfet de Rambouillet.
Rois, Empereurs et Présidents de République, à Rambouillet.
Rambouillet devant le Tribunal révolutionnaire.
François Quesnay et son buste.

LORIN

SIX VICTIMES

DE

LA TERREUR

EXTRAIT DU XIe VOLUME

Des Mémoires de la Société archéologique de Rambouillet

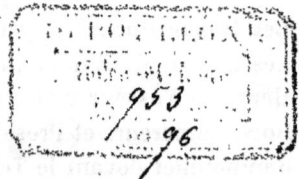
TOURS

IMPRIMERIE DESLIS FRÈRES

1896

SIX VICTIMES DE LA TERREUR

—

LES FRÈRES RABOURDIN [1] DE SERMAISE

(CANTON NORD DE DOURDAN)

17 *mars* 1793. — 1er *juin* 1794

Le procès des deux frères Rabourdin qui furent guillotinés, le 1er juin 1794, en vertu d'un jugement du tribunal révolutionnaire les condamnant à la peine de mort, est intéressant à plus d'un titre; il met en relief le courage des deux victimes et l'état de division d'une petite commune.

Les frères Rabourdin dont l'un était cultivateur et l'autre prêtre, appartenaient au hameau de Blancheface, de la commune de Sermaise, près de Dourdan; leur père exploitait à Sermaise, une ferme d'une certaine importance.

Dès le mois de juin de l'année 1792, Charles, l'aîné des deux frères, le prêtre, avait été inquiété parce qu'il célébrait la messe dans la ferme de son père, en un oratoire particulier; traduit devant le tribunal du district de Dourdan, siégant à Rambouillet, il avait été acquitté; puis arrêté, à nouveau, au mois de septembre de la même année, il avait prêté serment de fidélité à la constitution et obtenu une seconde fois sa liberté.

Un incident qui se produisit aux opérations de la levée du contingent le 17 mars 1793, ramenait l'attention sur lui et

[1] *Archives nationales*, W. 401, dossier 928, 2e partie, M. WALLON, *Tribunal révolutionnaire*, 4e vol. p. 363 et suivantes.

une troisième fois, mais définitivement, il était arrêté avec
son frère Charles Liphard, le cultivateur.

Un membre du Directoire du district de Dourdan, d'Envers [1]
qui avait été délégué à l'effet de procéder à ces opérations,
retrace ainsi dans son rapport les incidents du 17 mars, à la
suite desquels les frères Rabourdin furent mis en état d'arrestation :

« L'an II, le dimanche 17 mars, 10 heures du matin, moi
Jean-François d'Envers, membre du Directoire du District
de Dourdan, nommé commissaire par délibération du Directoire du District, du 8, à l'effet de surveiller la levée du contingent d'hommes, que doit fournir le canton conformément
à la loi du 24 février dernier, je me suis transporté à Sermaise
ou j'ai trouvé le maire, les officiers municipaux, et une partie
des habitants rassemblés en l'église du lieu et après avoir
fait faire un rappel au son du tambour, pour prévenir tous
les habitants que l'assemblée était ouverte, avons attendu
que les habitants soient présents ; la municipalité ayant
déclaré que tout était présent à cela près de ceux qui préten-
daient à l'exemption pour cause d'infirmités, ou de mauvaise
volonté, m'a remis la loi pour en faire lecture.

Étant monté dans la chaire et ayant commencé à lire
l'adresse de la Convention, au peuple français qui est en
tête de la loi, j'ai été apostrophé par un nommé Liphard
Rabourdin, résidant à Blancheface, hameau de cette commune en disant qu'il n'avait pas besoin de sermons et beaucoup d'autres propos qui tendaient à rendre l'assemblée
bruyante, et me faire retirer, ce qui m'aurait forcé de
requérir la municipalité pour maintenir l'ordre, de le faire
garder dans un coin de l'église, ce qui n'a pas été exécuté,
attendu la très grande majorité des citoyens présents qui se

---

[1] D'Envers fut arrêté quelque temps après (voir La dernière Abbesse de
Louye).

sont écrié que Liphard Rabourdin était un aristocrate qu'il ne fallait point écouter et m'engagèrent à continuer la lecture de la loi, ce que j'ai fait, après avoir consulté l'assemblée, mais non sans être encore interrompu plusieurs fois par les propos de Liphard, qui cherchait à se former un parti ; mais enfin forcé de cesser la lecture et d'accord avec la municipalité, j'ai annoncé à l'assemblée qu'elle devait déterminer le mode qu'elle voulait adopter ; l'assemblée a déclaré à la presque unanimité qu'elle adoptait la voie du sort; ayant fait de suite l'appel des citoyens qui devaient concourir selon la loi, et juger sans réclamation plusieurs certificats d'exemption pour cause d'infirmité, deux citoyens se sont trouvés absents, l'un compagnon maçon, et l'autre prêtre, l'un des frères de Liphard Rabourdin, et l'assemblée a décidé que l'on ferait tirer au sort à la place des absents, d'abord pour le compagnon maçon, un des officiers municipaux, mais deux des frères de Rabourdin, qui sont Liphard et un abbé, se sont écrié que leur frère ne contribuerait pas, qu'il était hors de la loi parce qu'il était réfractaire, qu'il préférait subir la peine de déportation, et passer pour rebelle à la loi, ce qui a excité une grande rumeur dans l'assemblée et après un quart d'heure de bruit, la prudence des officiers municipaux et commandant de la garde nationale qui avaient été requis, a ramené le calme, j'ai sommé Liphard de déclarer et signer s'il entendait parler au nom de son frère ; alors Liphard, craignant les suites de ses propos perturbateurs, a dit que son frère le prêtre était réfractaire à la loi civile du clergé, mais qu'il avait prêté le serment de liberté et d'égalité, conformément à la loi du mois d'août dernier, ce qui m'a été confirmé par les officiers municipaux et qu'il l'avait prêté dans un temps où la crainte seule d'être arrêté l'avait déterminé, sur quoi l'assemblée ayant demandé à grands cris qu'il fût conservé dans la liste puisqu'il était citoyen, j'ai déclaré que l'on tirerait pour lui, ce qui a été fait par un de ses frères, pour les numéros, et attendu les troubles de la dite

assemblée, je me suis retiré pour dresser le présent procès-
verbal, et passer dans une autre commune du canton ».

D'ENVERS,
« Commissaire du canton de Dourdan. »

Dix jours après, d'Envers complétait son rapport par ces
aggravantes appréciations :

« Aujourd'huy mercredy, 27 du mois de mars, je déclare
que sur les renseignemens verbaux que je me suis procu-
rés dans la commune voisine de Blancheface, résidence
des Rabourdin dénommés dans le procès-verbal ci-dessus,
d'abord relativement à leurs propos journaliers et notamment le samedi, sur le marché de Dourdan, par Liphard,
ensuite sur des lettres circulaires, tendant à annoncer le
retour de l'ancien ordre déchiré et rétablissement des curés
réfractaires, sous peu de temps, même pour Pâques, dont
une de ses lettres a été lue dans une assemblée générale
tenue dans la commune de Richarville pour le recrutement,
le lundi 18 mars, laquelle lettre je n'ai pu me procurer, non
plus que le nom de celui qui l'avait lue, l'on m'a seulement assuré dans la commune que cette lettre était signée et
venait du curé de Briis-sous-Forges ; d'autres rapports
me font préjuger qu'il existe une correspondance antipa-
triotique entre des habitants de Forges, district Versailles,
Richarville, Blancheface et Saint-Chéron ; leur morgue
dans le moment actuel où les troubles se manifestent dans
plusieurs départements, ferait même croire qu'ils n'en sont
pas ignorants ; une lettre écrite hier au greffier de la commune de Sermaise par le père Rabourdin, dit que son fils
l'abbé qui était tombé au sort dans cette commune ne se
rendrait pas à l'ordre du district parce qu'il était parti et par
post-scriptum quarante de prêtres partis ; son fils lui avait
dit que puisque l'on avait exempté le vicaire, il ne partirait

point pour volontaire, ce qui rend le père complice de l'évasion de son fils.

Je déclare que toutes ces raisons m'ayant engagé à proposer au Directoire du district dont je suis membre, de prendre les mesures convenables pour faire désarmer la famille Rabourdin, m'étant même préparé pour être commissaire dans cette occasion, que mes collègues qui connaissent cette maison, regardent comme dangereuse et de laquelle je pourrais être victime, ce qui ne m'a pas empêché de persister dans ma proposition. La discussion fermée et les différentes propositions mises aux voix, la majorité du Directoire a cru de sa prudence d'informer le Département de ces faits, et lui demander d'être autorisée à requérir une force suffisante de gendarmerie pour opérer ce désarmement, attendu que la maison dont est question qui n'est qu'une forte ferme était fournie d'armes, que l'on devait craindre qu'on ne se portât à en faire usage contre ceux qui se présenteraient, ce qui m'a confirmé dans l'opinion que l'on ne pouvait trop promptement se mettre en garde contre les habitants de cette maison dont je ne connais pas la position et je persiste dans la déclaration que je fais, qu'à défaut de preuve suffisante pour l'arrestation, ils doivent être regardés comme suspects, et soumis à la loi du désarmement et que perquisition doit être faite chez eux. »

D'ENVERS,
« Commissaire du canton de Dourdan. »

Charles Rabourdin (le prêtre) était placé sous la main de justice et conduit à la maison d'arrêt de Versailles, où les citoyens Leture et Hodanger, administrateurs du Directoire du département, l'interrogeaient, le premier avril, de la manière suivante :

INTERROGATOIRE DU DÉPARTEMENT

1er avril 1793.

D. — Quels sont vos noms, âge, profession et demeure?

R. — Charles Rabourdin, 31 ans, prêtre, demeurant à Blancheface.

D. — Combien y a-t-il de temps que vous êtes prêtre?

R. — Six ans.

D. — Quels sont les emplois que vous avez occupés?

R. — Je n'ai été que vicaire dans deux paroisses, à Bonville-le-Saint-Père et à Sermaise ; ces deux paroisses, diocèse de Chartres.

D. — Pourquoi avez-vous quitté votre vicariat?

R. — Par défaut de prestation de serment à la constitution civile du clergé.

D. — Depuis ce temps, n'avez-vous point exercé de fonctions sacerdotales?

R. — Je les ai exercées.

D. — Les avez-vous exercées aussitôt après l'abandon de votre vicariat, et où les avez-vous exercées?

R. — Je les ai exercées aussitôt chez mon père, dans un oratoire domestique.

D. — L'oratoire domestique de chez votre père était-il consacré, et étiez-vous autorisé à en avoir un?

R. — Il n'était pas consacré, il était seulement béni ; j'ai cru que la loi me permettait d'avoir cet oratoire.

D. — N'avez-vous dit la messe que dans cet oratoire et n'y avez-vous pas administré d'autres sacrements?

R. — J'y ai administré d'autres sacrements.

D. — Quels sont-ils?

R. — Les sacrements de Pénitence et d'Eucharistie.

D. — Pourquoi avez-vous violé la loi qui vous défendait

l'administration des sacrements, et notamment dans un endroit séquestré ?

R. — J'ai cru qu'une conséquence de la liberté des cultes permettait à différentes personnes de nous demander ces sacrements et à moi de leur administrer, d'autant plus que je ne les ai point attirées.

D. — Qui vous autorisait à cette liberté des cultes ?

R. — 1° La loi elle-même; 2° une consultation du Département; 3° la décharge d'accusation du jury assemblé à Rambouillet à cette occasion.

D. — Pourquoi avez-vous exécuté la loi en partie et vous êtes-vous montré rebelle dans l'autre, telle que celle qui vous ordonnait de prêter le serment décrété par la constitution civile du clergé ?

R. — Je ne me suis pas montré rebelle dans la partie en question, puisque l'Assemblée Constituante me laissait la liberté d'accepter une fonction publique de religion, moyennant la prestation de serment, ou de quitter celle que j'exerçais.

D. — Qui vous a empêché de prêter ce serment décrété par la loi ?

R. — D'abord ma seule conscience, ensuite l'Assemblée Constituante laissait libre de prêter ou de se retirer.

D. — Reconnaissez-vous les évêques institués par l'Assemblée Constituante, comme de légitimes évêques de France?

R. — Je les reconnais comme les évêques de France.

D. — Habitant du département, en reconnaissez-vous en qualité de prêtre, l'évêque de ce département, comme votre supérieur et votre évêque l'égitime?

R. — Je crois que je ne dois aucun compte de mon opinion là-dessus.

D. — Avez-vous prêté le serment de liberté et d'égalité décrété par l'Assemblée Législative au mois d'août?

R. — Je l'ai prêté au district de Dourdan et quelques jours après en présence de la commune de Sermaise.

D. — Aimez-vous les lois de votre pays, vous y soumettez-vous et les respectez-vous?

R. — Je les respecte toutes, me soumets à toutes et les aime en grande partie.

D. — Aimez-vous les effets de la Révolution?

R. — Sans les aimer beaucoup, je ne me rends pas répréhensible de ce côté-là.

D. — Regrettez-vous l'ancien régime, ou préférez-vous le nouveau?

R. — Je regrette l'ancien.

D. — Que pensez-vous du nouveau?

R. — Il me parait impossible d'asseoir mon jugement.

D. — Aimez-vous le gouvernement actuel comme la République, son unité et son indivisibilité décrétée par la loi?

R. — Je ne suis pas porté d'inclination pour le gouvernement Républicain, mais aujourd'hui qu'il a lieu, j'en aime l'unité et l'indivisibilité.

D. — Pourquoi vous êtes soustrait à la loi du recrutement et ne lui avez vous point obéi?

R. — Je ne m'y suis point soustrait; si je ne me suis point trouvé au tirage, c'est que j'avais été dire la messe dans la paroisse de Breuillet à 2 lieues de ma demeure.

D. — N'avez-vous point dans votre oratoire domestique administré le sacrement de baptême?

R. — Non.

D. — N'avez-vous pas par vos discours inspiré aux gens de la campagne de sentiments contraires au gouvernement actuel et à la Révolution?

R. — J'ai quelquefois dans des conversations particulières désapprouvé les choses qui ne me plaisaient pas, mais jamais je n'ai porté personne à se révolter contre la loi; au contraire j'ai toujours enseigné et enseignerai toujours la soumission aux lois et aux autorités constituées, comme un de mes principaux devoirs.

D. — Puisque vous placiez au rang des devoirs celui de respecter la loi, comment se fait-il que dans l'Assemblée de votre commune deux de vos frères ont dit que vous étiez hors de la loi, que vous étiez prêtre réfractaire, et que vous préféreriez subir la peine de la déportation et passer pour rebelle à la loi plutôt de concourir au recrutement du contingent?

R. — Ils l'ont dit fort imprudemment et je les ai désapprouvés après lorsque je l'ai su.

Le serment auquel il est fait allusion dans l'interrogatoire de Charles Rabourdin avait été par lui prêté le 11 septembre 1792 à Dourdan et devant le tribunal révolutionnaire, il en produisit une expédition:

EXTRAIT DES REGISTRES DES DÉLIBÉRATIONS DE LA COMMUNE DE DOURDAN

Du 11 septembre 1892, 11 heures du matin.

« Devant les Comités de l'administration du district et celui de la commune réunis en la maison commune et en présence des citoyens assemblés, est comparu le sieur Charles Rabourdin, prêtre non conformiste, ci-devant vicaire de la paroisse de Sermaise; il a fait part à l'assemblée qu'il doit aux conseils sages et éclairés de MM. Barthelon, Courteau dit Mignon et Langlois, tous trois agents du Comité de surveillance et de salut public de la commune de Paris, le retour qu'il fait aux vrais principes et que prescrivent les lois; en conséquence a offert de prêter en présence de l'assemblée, le serment prescrit par la loi du 12 août dernier.

L'Assemblée pénétrée des sentiments que témoigne Rabourdin, l'a admis à prêter le serment: en conséquence Rabourdin a prêté en présence de l'assemblée le serment de maintenir la liberté et l'égalité, ou de mourir en la défendant, duquel serment lui a été donné acte après la promesse par lui faite de renouveler le serment, en présence du Conseil général de la commune de Sermaise, lieu de son domicile et a avec Barthelon, Courteau, Langlois, commissaires et le conseil, signé. »

Le 23 avril 1793, Rabourdin adressait à ceux qu'il considérait devoir être ses juges, une lettre explicative des faits qui avaient provoqué son emprisonnement.

Aux citoyens composant le tribunal de Police du département de Seine-et-Oise

« CITOYENS,

« Vous ne voulez pas condamner un homme innocent au tribunal de la droite raison et des loix de sa patrie; citoyens, je suis cet homme innocent. Le simple exposé des faits qui me concernent, va vous en convaincre. Vers la Saint-Jean de l'année 92, je reçus du juge de paix du canton de Dourdan, un mandat d'arrêt, pour être conduit à Rambouillet; les jurés qui prononcèrent d'après les loix alors en vigueur, me renvoyèrent absous des griefs allégués contre moi; ces griefs étaient d'avoir eu un oratoire particulier, d'y avoir reçu les personnes qui se présentaient pour entendre la messe et satisfaire aux devoirs de religion. Sur la sentence de ce tribunal, je fus remis en liberté, personne ne m'inquiéta depuis, jusqu'au mois de septembre dernier. Alors pour satisfaire à la loi portée contre les prêtres insermentés, je me disposais à sortir du territoire français; étant en chemin pour me procurer un passe port du District de Dourdan, je fus arrêté aux portes de la cy devant abbaye de Louye, où je devais prendre en passant un compagnon de voyage; cette arrestation se fit par les citoyens Barthelon, Courteau dit Mignon et Langlois, munis de pouvoirs en bonne forme qui les déclaraient agens du Comité de surveillance et de Salut

public de la ville de Paris ; ils me détinrent dans la maison
même de ladite abbaye, où ils me firent subir un interrogatoire. Ils me persuadèrent que la nation n'exigeoit de moi
que le serment civique de Liberté et d'Égalité, pour me
mettre à l'abri de toute poursuite ; et que moyennant ce serment, je pourrais rester dans ma famille sans inquiétude ;
ils me faisoient même un crime d'avoir pensé à quitter ma
patrie, pouvant y rester par ce moyen. Voilà ce qui se passa
à Louye, lors de mon arrestation, et ce qu'ils me répétèrent
encore le lendemain, en séance publique du district et de
la commune de Dourdan où je fus transféré. Ces protesta-
tions de la part des commissaires me parurent une sauve-
garde suffisante et d'une authenticité irréfragable ; elles
devinrent le motif de ma résidence en France après la publication de la loi qui pressoit la sortie des autres ecclésias-
tiques qui n'avaient point prêté comme moi le susdit serment
de Liberté, etc.

« Ces faits ont pour témoins une partie de la garde nationale, le District, la Municipalité, et un grand nombre des
citoyens de Dourdan qui célébrèrent une fête civique à l'occasion du serment que je prêtais, me témoignèrent la plus
vive satisfaction de me voir rester dans ma patrie, me décer-
nèrent la couronne de chêne et me conduisirent en triomphe
dans le sein de ma famille, en la compagnie et avec les
applaudissements des commissaires même, qui m'avaient
arrêté.

« Depuis cette époque jusqu'aux fêtes de Noël, je n'ai
point dit la messe ni fait aucune fonction. A Noël je fus
demandé pour faire l'office dans la paroisse de Saint-Mau-
rice Mont-Couronne, district de Dourdan, le curé étant
malade ; je le fis du consentement de la Municipalité, jusqu'à la fête de la Purification, ne m'y rendant que les fêtes et
dimanches. Je fus prié ensuite par la Municipalité de Breuillet, district d'Étampes, de donner une première messe à
cette paroisse, ce que je fis tous les dimanches et fêtes jus-

qu'au moment de ma présente arrestation. Les motifs de ma
détention actuelle doivent être énoncés dans le réquisitoire
du district de Dourdan dont elle est le résultat, et que vous
devez avoir entre les mains. J'ajoute à cet exposé que pour
satisfaire une dévotion particulière, j'ai dit la messe pendant le dernier carême dans un petit oratoire domestique,
les jours ouvrables seulement et sans fréquentation des
personnes du dehors. Tel est, citoyens, l'exposé simple et
véritable de la conduite que j'ai tenue et des faits qui y
ont rapport.

« La Constitution, vous le savez, laisse à chacun le pouvoir de suivre le culte auquel il est attaché ; ce pouvoir suivant la même constitution qui n'est pas encore révoquée,
fait partie de la Liberté qui est un des droits naturels et
imprescriptibles de l'homme. Elle autorise donc les pratiques
analogues aux diverses opinions religieuses pour lesquelles
elle déclare également que nul homme ne doit être inquiété.

« Si j'avais mal raisonné en interprétant ces termes de la
loi en ma faveur, j'aurais été trompé par une vraisemblance
qui tient de l'évidence même, et je ne crois pas qu'on pût me
regarder comme coupable. — Quant à celle qui prescrivait
aux prêtres insermentés de quitter leur patrie, je n'ai jamais
eu la pensée de m'y soustraire, puisqu'au contraire je me
suis mis en devoir de l'exécuter ; je l'aurais même exécutée
en effet sans l'assurance positive des commissaires, que la
prestation du serment de Liberté et d'Égalité, me mettait
au-dessus des atteintes de cette loi.

« Si donc il y a eu de la faute elle serait uniquement la
leur. Vous êtes trop justes, citoyens, pour souffrir que je sois
victime de l'erreur dans laquelle ils m'auraient malheureuse-
ment jeté. Permettez que je reprenne en finissant un article de
mon interrogatoire ; interrogé sur mes opinions politiques, j'ai
déclaré avoir toujours professé et recommandé la soumission
aux loix. Cette déclaration interprétée d'une manière équi-
voque, quelques expressions de mécontentement qui ont pu

m'échapper par le sentiment douloureux de la situation
pénible où je suis, voilà tout mon crime ; personne au reste
ne peut s'élever contre moi pour m'accuser d'avoir cherché
à troubler l'ordre public. Ce qui s'est passé à Dourdan lors
du serment que j'ai prêté, est une justification éclatante de
mes sentiments et de mes procédés. Je suis en attendant
avec confiance votre décision sur mon sort dans les sentiments les plus respectueux,

« Citoyens,

« Votre très humble et très obéissant serviteur,

RABOURDIN.

« A Versailles le 2 avril 1793, l'an 2me de la République.

Son frère, le cultivateur, bien qu'emprisonné, ne recevant
point la visite des administrateurs du département, fit une
pétition dans laquelle il sollicitait la faveur d'être interrogé :
cette faveur lui fut accordée le 30 avril ; ce fut François
Melon Saurat qui procéda à l'interrogatoire :

L'an 1793, le mardi 30 avril, 9h. 1/2 du matin.

En vertu de l'arrêté du Directoire du département d'hier
pris sur la pétition à lui présentée par Charles Liphard
Rabourdin, fils du C^{en} Charles Rabourdin, cultivateur, demeurant à Blancheface, aux fins d'être interrogé par les administrateurs du département, afin de savoir s'il a mérité puni-
tion, fondée sur des motifs énoncés en la dite pétition, Nous
François Melon Saurat, l'un des administrateurs dudit Directoire, commissaire nommé à l'effet d'entendre Rabourdin et
assisté de Jean Michel Peyronel [1], que nous avons pris pour
secrétaire greffier, après avoir pris et reçu de lui le serment de s'acquitter fidèlement de ses fonctions en la dite
qualité, nous sommes, en exécution dudit arrêté, transporté
en la maison d'arrêt de cette ville où étant a comparu

[1] En l'an VIII, secrétaire général de la Préfecture de Seine-et-Oise.

devant nous, pour ce mandé, Rabourdin, auquel avons fait les
diverses questions et lui différentes réponses ainsi qu'il suit :

D. — Quels sont vos noms, surnoms, âge, demeure et
qualité ?

R. — Charles Liphard Rabourdin, âgé de 29 ans, demeurant à Blancheface, paroisse de Sermaise, travaillant chez
mon père Charles Rabourdin en qualité de cultivateur,
ajoutant qu'il est fort utile à son père parce qu'il est l'aîné
de la famille, que c'est lui répondant qui fait toutes les
affaires de la maison, son père étant affligé et ne pouvant
se livrer aux soins de sa maison, avec toute l'activité qui est
nécessaire pour conduire ses affaires avec succès.

A lui représenté la pétition dont est question ci-dessus,
a dit la reconnaître pour l'avoir signée et déposée sur le
bureau de l'administration du Département hier soir lors de
l'arrivée en cette ville.

D. — Signerez-vous et parapherez-vous cette pétition
avec nous ?

R. — Oui je la signerai.

D. — Connaissez-vous le nommé Rabourdin qui est détenu
dans la maison d'arrêt ?

R. — A dit oui, c'est mon frère aîné (et à l'instant ledit
Rabourdin a signé et paraphé avec nous) la pétition dont
est question ci-dessus.

D. — Pourquoi votre frère est-il détenu dans la maison
d'arrêt ?

R. — Je n'en sais rien parce que j'étais arrêté avant mon
frère.

D. — Savez-vous si votre frère a prêté le serment décrété
par la constitution civile du clergé ?

R. — Je sais que mon frère a prêté le serment à la Liberté
et à l'Égalité parce que j'en ai vu le certificat ; je ne sais
pas s'il en a prêté d'autre.

D. — Y a-t-il longtemps que vous avez été arrêté ?

R. — J'ai été arrêté le vingt-neuf ou le trente mars dernier.

D. — Qu'est-ce qui vous a arrêté.

R. — Trois gendarmes m'ont arrêté accompagnés de la municipalité de Sermaise, d'un des commissaires du district de Dourdan et de l'adjudant du bataillon du canton, en vertu d'un ordre du Directoire de Dourdan, dont il nous a représenté la copie que nous lui avons à l'instant rendue.

D. — Où étiez-vous quand vous avez été arrêté ?

R. — J'étais dans la maison de mon père, y étant rentré sur l'avertissement qui m'a été donné par l'officier des gendarmes qu'on était occupé à visiter les papiers de mon père ; avant d'y rentrer je travaillais aux environs de la maison à semer des pois.

D. — Savez-vous pourquoi vous avez été arrêté ?

R. — Je ne le sais pas trop ; la municipalité de chez moi et l'adjudant m'en veulent beaucoup, et à notre maison ; j'ai un grand nombre d'ennemis dans mon pays ; il paraîtrait qu'ils ont voulu exercer quelques vengeances contre moi.

D. — N'avez-vous jamais résisté à l'exécution d'aucune loi ?

R. — Non, je n'ai point résisté à la loi, j'ai tiré au sort pour le recrutement, deux numéros d'abord, l'un pour mon frère qui est ici et l'autre pour moi, et lorsqu'il s'est agi de tirer les billets, j'en ai tiré d'abord un pour moi qui s'est trouvé blanc et lorsque je me suis présenté à l'effet de tirer pour mon frère, le maire s'y est opposé et a tiré pour lui et amené un billet blanc. Je me rappelle qu'avant de procéder au tirage, le commissaire du district étant monté en chaire pour haranguer l'assemblée, je lui ai adressé la parole en lui disant qu'il suffisait de lire la Loi, afin de délibérer le plus promptement possible.

D. — Avez-vous mis de l'humeur ou de la vivacité en prononçant ce propos ?

R. — Non, je l'ai dit avec tranquillité.

D. — Quelle heure était-il alors ?

R. — L'Assemblée avait été convoquée pour huit heures, je m'y suis rendu exactement, il était près de neuf heures quand le commissaire est venu, c'est dans ce moment que j'ai tenu le propos ci-dessus.

D. — Votre père a-t-il beaucoup d'enfants?

R. - Nous sommes onze.

D. — Y en a-t-il beaucoup qui aient été dans le cas de tirer au sort?

R. — Il y en a cinq qui ont tiré.

D. — Combien y en a-t-il qui ont tombé au sort?

R. — Un seul, le troisième.

D. — Est-il parti?

R. — Non, il a été remplacé par un homme qui a coûté deux cents livres à mon père.

D. — Pourquoi n'est-il pas parti?

R. — Il avait bonne intention de partir, mais il s'est répandu dans le pays que les autres garçons, tant du pays que des paroisses voisines, ne voulaient pas de lui parce qu'il avait étudié et que s'il partait avec eux, ils le tueraient en chemin, ce qui l'a déterminé à s'évader pendant cinq ou six jours, quoi voyant, mon père s'est décidé à le remplacer par un homme.

D. — Que fait ce frère-là actuellement?

R. — Comme il n'est pas accoutumé aux gros travaux, il s'amuse à jardiner, à tenir les livres de mon père, à écrire et à lire dans des livres d'histoire naturelle.

D. — Avez-vous fait des études?

R. — Non.

D. — Lisez-vous les journaux?

R. — Non, depuis deux ou trois mois notre abonnement est fini et nous n'en voyons plus.

D. — Quel est l'auteur de celui auquel vous étiez abonné?

R. — Le successeur de Mallet du Pan[1].

D. — Votre frère ici détenu en la maison d'arrêt demeurait-il chez votre père au moment de son arrestation?

R. — Oui, il a été arrêté au moment où il venait de dire

[1] *Le Mercure politique.*

la messe à Breuillet, paroisse à deux lieues de chez nous.

D. — Ne présumez-vous pas quelle est la cause qui vous a fait arrêter?

R. — Non, je crois seulement avoir été soupçonné d'avoir empêché mon frère troisième de partir; j'étais si éloigné de lui inspirer ces sentiments que je me rappelle fort bien, avoir dit un jour en plein marché à Dourdan, la veille du tirage, que si je tombais au sort, je partirais et ne me ferais point remplacer.

D. — Rappelez-vous bien s'il n'y a pas d'autres causes?

R. — On m'a dit qu'il y avait un décret qui disait que lorsqu'il y avait six plaignans contre un individu, on devait s'assurer de sa personne comme d'un homme suspect.

D. — Croyez-vous avoir été dénoncé par six individus?

R. — Je n'en sais rien.

D. — Avez-vous été repris de justice?

R. — Non, j'ai seulement été mis un jour en état d'arrestation à l'abbaye de Louye près Dourdan, par des commissaires de Paris, au mois de septembre dernier.

D. — Pourquoi avez-vous été mis en état d'arrestation?

R. — Parce que nous n'allions pas à la messe.

D. — Les commissaires vous ont-ils dit que c'était pour cette cause?

R. — Oui, et les commissaires qui savaient que j'avais une procuration de l'ancien curé, pour faire ses affaires et recevoir pour luy au district et payer ses dettes, voulaient savoir de moi où était cet ancien curé, à quoi j'ai répondu que ce curé avait exécuté la loi de la déportation.

D. — Étiez-vous seul quand vous avez été mis en état d'arrestation à l'abbaye de Louye?

R. — J'étais avec mon père, et mon frère qui depuis est tombé au sort.

D. — Pourquoi n'alliez-vous pas à la messe?

R. — Parce que mon frère la disait chez nous avant son arrestation à l'abbaye de Louye.

D. — Est-ce que vous aviez une chapelle et un autel chez vous ?

R. — Oui, nous en avions une dans le temps.

D. — Qu'est-ce qui a fait établir cette chapelle et cet autel ?

R. — C'est mon frère l'abbé.

D. — Le curé actuel de Sermaise a-t-il prêté le serment décrété par la constitution civile du clergé ?

R. — Je crois que oui.

D. — Ce curé actuel a-t-il été nommé par les électeurs ?

R. — Oui.

D. — Avez-vous été à la messe depuis qu'il est curé à Sermaise ?

R. — Non.

D. — Alliez-vous à la messe de celui qui était curé avant lui.

R. — Oui, excepté quand j'étais en campagne.

D. — Pourquoi alliez-vous à la messe de l'ancien curé et n'allez-vous pas à celle du nouveau curé ?

R. — Je voulais jouir des prérogatives que la loi accorde à la liberté du culte, en permettant aux citoyens d'être maîtres de leurs opinions religieuses.

D. — Est-ce que vous croyez que ceux qui ont prêté le serment prescrit par la Constitution civile du clergé, ont mal fait ?

R. — Je ne les juge pas, je n'ai pas assez de lumière pour cela.

D. — Est-ce que vous croyez que ceux qui n'ont pas prêté ce serment ont bien fait ?

R. — Je ne les juge pas plus les uns que les autres.

D. — Avez-vous prêté le serment de maintenir la liberté et l'égalité ?

R. — Oui.

D. — N'avez-vous jamais troublé l'ordre public par des actions ou des propos ?

R. — Non, ni par actions ni par propos, je suis très peu répandu dans le monde, je n'ai guerre de communication qu'avec ma famille, et je puis avancer avec vérité que notre maison fait beaucoup de bien dans le pays ; je m'amusais quelquefois à faire une partie de battoir avec mes frères les dimanches et fêtes et je n'allais jamais au cabaret non plus que mes frères.

D. — Quand votre frère l'abbé disait la messe chez votre père, les étrangers y étaient admis pour l'entendre ?

R. — Dans les commencements on y admettait ceux qui voulaient venir; dans la suite voyant que cela faisait tenir des propos, mon père n'a voulu y admettre personne.

D. — Y a-t-il des ci-devant religieux, religieuses ou prêtres retirés dans la paroisse que vous habitez ?

R. — Non, je n'en connais pas.

D. — Avez-vous eu des correspondances avec votre ci-devant curé depuis qu'il est parti ?

R. — Il a écrit deux lettres à mon père et à mon frère, pour nous dire où il est, l'état de sa santé et demander celui de ses affaires.

D. — Où est-il à présent ?

R. — Il est à Wincester en Angleterre à ce qu'il nous a écrit.

D. — Lui avez-vous répondu ?

R. — Mon père ou mon frère l'abbé lui ont répondu, tant que la loi ne l'a pas empêché.

D. — Est-ce que vous connaissez une loi qui défend d'écrire à qui l'on veut?

R. — Non.

D. — Votre frère a-t-il été curé ?

R. — Non.

D. — A-t-il été vicaire?

R. — Oui.

D. — En cette qualité de vicaire était-il assujetti à prêter le serment prescrit par la Constitution civile du clergé ?

R. — Je crois qu'il y était assujetti comme les autres.

D. — Croyez-vous qu'il ait prêté ce serment ?

R. — Non, du moins je ne lui ai pas vu prêter.

D. — Approuvez-vous votre frère de ne l'avoir prêté ?

R. — C'était à lui de juger ce qu'il avait à faire à cet égard, je ne m'en suis pas mêlé.

D. — Signerez-vous et parapherez-vous avec nous le présent procès-verbal ?

R. — Oui, je le signerai.

Lecture à lui faite d'icelui a dit que ses réponses contiennent vérité, qu'il y persiste et a signé avec nous les dits jour et an, heure de midy.

Au moment de la lecture de la question ainsi posée au présent procès-verbal « les commissaires vous ont-il dit que c'était pour cette cause » et de la réponse que le répondant y a faite, il a demandé à y ajouter, « j'ai été calomnié d'une manière atroce par le curé actuel de Sermaise qui a dit à un gendarme, nommé Cousin [1], qui me l'a rapporté, que j'étais un mauvais sujet, un homme dangereux, et depuis il s'est répandu dans le pays que si on me lâchait je tuerais le curé actuel ; je crois que ces bruits ont été cause en partie de mon arrestation. »

A dit qu'à la réponse concernant l'établissement de la Chapelle et de l'autel, il demandait qu'on ajoutât que tout cela avait été fait de concert avec l'ancien curé, qui était alors chez son père, qu'il ne se souvient pas si ce curé était présent lorsque son frère a béni ladite chapelle et le dit autel et attendu que le dit Rabourdin a déclaré ne plus vouloir rien ajouter augmenter, ni diminuer, avons clos le présent auquel il a signé avec nous après lecture.

Charles LIPHARD RABOURDIN,
SAURAT, PEYRONET.

---

[1] Cousin fut condamné à mort par le tribunal révolutionnaire ; il fera l'objet d'une autre de nos études.

L'interrogatoire avait été vague et général; Saurat avait
dû consulter surtout ce qu'avait dit le prêtre, pour interroger
le cultivateur, car il n'avait pas encore les pièces indiquant
pour quel objet Charles Liphard était poursuivi ; ces pièces
arrivèrent à Versailles, le 2 mai, et dès le 3, Saurat inter-
rogea à nouveau Rabourdin, le cultivateur; son procès-verbal
que nous transcrirons donne les réponses à lui faites par
l'inculpé.

« L'an 1793, le vendredi 3 mai, 10 heures du matin.

« En vertu de l'arrêté du Directoire du 1er mai pris sur le
rapport de nous commissaires ci après nommé expositif que
n'ayant point les pièces qui pouvaient faire charge contre
Rabourdin, nous n'avions pu l'interroger sur les faits et
délits positifs à lui imputés, mais que ces pièces étant arrivées
hier, et à nous remises, il paraissait indispensable de l'entendre de nouveau, lequel arrêté porte que le nommé
Charles Liphard Rabourdin sera de nouveau par nous
entendu; Nous François Melon Saurat, l'un des administrateurs du Directoire assisté de Henry Prosper Cebery,
que nous avons pris pour secrétaire greffier, après avoir
pris et reçu de lui le serment de s'acquitter fidèlement de
ses fonctions en ladite qualité, nous sommes en exécution
dudit arrêté transporté en la maison d'arrêt de cette ville,
où étant, a comparu devant nous pour ce mandé Charles
Liphard Rabourdin, auquel avons fait les diverses questions
et lui les réponses à icelles ainsi qu'il suit :

D. — Quels sont vos noms, surnoms, âge, demeure et
qualité ?

R. — Charles Liphard Rabourdin, âgé de vingt-neuf ans,
demeurant à Blancheface, paroisse de Sermaise; je tra-
vaille chez mon père Charles Rabourdin, en qualité de cultivateur.

D. — Avez-vous assisté aux assemblées de votre commune pour la levée de son contingent ?

R. — Oui, j'y ai assisté.

D. — Quel jour y avez-vous assisté?

R. — J'y ai assisté le Dimanche de la Passion, dix-sept mars.

D. — Pourquoi avez-vous tenu des propos tendant à soulever les esprits et à semer le trouble?

R. — Je défie qu'on me prouve que j'ai tenu des propos de cette espèce; j'ai pu dire quelque chose, mais je n'avais pas intention d'élever des troubles.

D. — Qu'est-ce qui vous a porté à tenir ces propos?

R. — Je voyais avec peine qu'on avait dispensé de tirer au sort le vicaire de notre paroisse qui n'a que 29 ou 30 ans, tandis que dans les paroisses voisines, on a fait tirer les curés même de 40 ans et au-dessus, et j'ai dit que si on exemptait ce vicaire, on devait également exempter mon frère le prêtre, âgé de 31 ans.

D. — N'avez-vous été sollicité par personne pour tenir ce propos-là ?

R. — Je n'ai point été sollicité par personne.

D. — Pourquoi avez-vous interrompu par plusieurs fois la lecture de l'adresse de la Convention aux Français, et des lois sur le recrutement?

R. — Je défie qu'on me prouve ces faits-là, et je m'en rapporte à ce que j'ai répondu la première fois que j'ai comparu devant vous.

D. — Est-ce que vous n'approuviez pas cette adresse?

R. — Je l'approuvais ainsi que les lois auxquelles j'ai l'intention de me conformer.

D. — Est-ce que vous aimez le désordre?

R. — J'aime au contraire beaucoup l'ordre.

D. — Êtes-vous patriote ?

R. — Je le suis comme un bon citoyen doit l'être.

D. — Qu'entendez-vous par être patriote?

R. — J'entends un homme qui aime sa patrie et qui cherche le moyen de faire du bien aux malheureux.

D. — En faisant du bien aux malheureux, ne cherchez-vous pas à leur insinuer vos sentiments?

R. — C'est l'humanité et la charité pour mon prochain qui me le fait faire.

D. — N'avez-vous jamais dit à ces malheureux qu'il fallait penser et agir de telle ou telle autre manière?

R. — Non, je sais faire le bien contre le mal sans même le dire et ne cherche à captiver les actions ni les pensées de personne.

D. — Avez-vous du civisme?

R. — Oui.

D. — Qu'entendez-vous par civisme?

R. — Je n'entends pas trop ce mot-là, mais je crois qu'il veut dire avoir du courage et du zèle pour défendre la patrie.

D. — Avez-vous du zèle et du courage pour défendre la patrie?

R. — Je n'ai jamais fait usage des armes, mais si j'étais requis, je ferais comme un autre pour défendre ma patrie.

D. — N'avez-vous jamais détourné quelques-uns pour employer leur zèle et leur courage à la défense de la patrie?

R. — Non, j'ai toujours laissé les gens maîtres de leurs volontés.

D. — Votre famille n'a-t-elle pas manifesté des sentiments contraires à la Révolution?

R. — Le public l'a cru parce que nous avons voulu conserver la liberté des opinions religieuses.

D. — Pourquoi avez-vous manifesté ouvertement que vous vouliez conserver la liberté des opinions religieuses?

R. — Je ne faisais que suivre en cela que les dispositions de la loi.

D. — Est-ce qu'on vous contestait ce droit-là?

R. — Personne ne nous le contestait.

D. — Puisque personne ne vous contestait ce droit-là, pourquoi l'avez-vous manifesté ouvertement?

R. — (Le répondant fort embarrassé après avoir longtemps divagué, a répondu) : je croyais que c'était permis.

D. — Quelqu'un vous avait-il donné l'avis de manifester ainsi vos opinions?

R. — Personne ne m'a jamais incité pour cela.

D. — Vous rappelez-vous devant qui vous avez manifesté vos opinions en matière de religion et en quel lieu?

R. — Je ne me le rappelle pas.

D. — Pourquoi avez-vous dit au Commissaire lorsqu'il était dans la chaire pour y faire lecture de la loi, que vous n'aviez pas besoin de sermon?

R. — J'ai remarqué qu'il commençait par faire un discours, j'ai dit que nous n'avions pas besoin de sermon et que la lecture de la loi suffisait.

D. — Pourquoi avez-vous dit cela avec vivacité et emportement, comme pour exciter du tumulte?

R. — Je ne l'ai pas dit avec plus d'émotion que j'en ai à présent.

Avons représenté au répondant que dans ce moment-ci même, il nous paraît un peu ému.

R. — C'est parce que j'ai froid.

D. — N'est-il pas vrai que l'Assemblée dont vous faisiez partie n'a pas approuvé ce que vous disiez?

R. — Quand j'ai vu que l'Assemblée ne faisait pas attention à ce que je disais et qu'elle le méprisait comme elle le devait, je me suis tu.

D. — L'Assemblée n'a-t-elle pas d'une voix presqu'unanime, crié qu'il ne fallait pas vous écouter parce que vous étiez un aristocrate?

R. — Je me rappelle qu'un seul membre de l'Assemblée a dit ces mots, mais je ne me rappelle pas si c'était pour moi ou pour un de mes plus jeunes frères qu'il l'a dit, qu'il s'appelle la Grenade et qu'il est parti.

D. — Avez-vous un frère prêtre ?

R. — Oui.

D. — En avez-vous un qui est abbé ?

R. — Non.

D. — En avez-vous un qui ait étudié pour être prêtre ?

R. — J'en ai un qui a été au Séminaire.

D. — A-t-il été tonsuré ?

R. — Oui, il a eu la première tonsure.

D. — Qui est-ce qui lui a donné cette première tonsure ?

R. — Je n'en sais rien, il a été tonsuré à Paris, il y a environ cinq ans.

D. — Pourquoi n'a-t-il pas continué l'état ecclésiastique ?

R. — Il est sorti dans le temps de la prise de la Bastille du séminaire Saint-Louis, à une époque où on a chassé tous les séminaristes et il s'est réfugié chez nous.

D. — Est-il vrai que vous vous êtes opposé à ce que votre frère le prêtre contribuât au recrutement ?

R. — Non, cela est faux. C'est la moitié de l'Assemblée au moins qui a élevé cette difficulté en disant que si on exemptait le vicaire de la paroisse, il paraissait juste de dispenser aussi l'abbé Rabourdin, mon frère.

D. — Pourquoi avez-vous dit que votre frère le prêtre, plutôt que de tirer au sort, préférerait subir la peine de la déportation et passer pour rebelle à la loi ?

R. — Je n'ai point dit cela. Nous étions cinq frères à tirer, mon frère le prêtre étant l'aîné, a été appelé le premier, nous avons fait seulement observer, un de mes jeunes frères et moi, que puisqu'on exemptait le vicaire de Sermaise, on devait aussi l'exempter.

D. — Pourquoi avez-vous dit que votre frère était hors la loi ?

R. — Je n'ai jamais dit cela.

D. — Qu'entendez-vous par être hors la loi ?

R. — J'entendrais que c'est quand on ne voudrait pas s'y soumettre.

D. — Pourquoi paraissez-vous approuver votre frère de n'avoir pas prêté le serment décrété par la constitution civile du clergé, puisque vous avez dit qu'il préférerait subir la peine de la déportation et passer pour rebelle à la loi?

R. — Je répète que je n'ai jamais dit cela, et que je ne l'approuve pas de n'avoir prêté ce serment.

D. — Vous voudriez donc qu'il l'eut prêté, ce serment?

R. — Oui, je voudrais qu'il l'eut prêté.

D. — N'avez-vous jamais dit à personne que votre frère avait bien fait de ne pas l'avoir prêté?

R. — Non, j'ai laissé mon frère maître de faire ce qu'il voulait sans approuver ni improuver le parti qu'il a pris.

D. — Alliez-vous souvent au marché de Dourdan?

R. — J'y allais presque tous les samedys.

D. — Pourquoi y avez-vous tenu des propos tendant à fomenter des troubles?

R. — (A dit en riant) Non, jamais.

D. — Pourquoi avez-vous fait circuler des lettres par lesquelles on annonce le retour de l'ancien ordre des choses, et le rétablissement des curés réfractaires sous peu de temps, même pour Pâques?

R. — (A dit qu'il n'en avait jamais fait circuler, ni même vues, ni lues.)

D. — Connaissez-vous le curé de Briis-sous-Forges?

R. — Non, je ne le connais pas.

D. — Savez-vous si celui actuel est réfractaire?

R. — Je sais que l'ancien est en allé, que celui actuel, étant en place, n'y serait pas, s'il était réfractaire.

D. — Y a-t-il des armes dans la maison que vous habitez?

R. — Oui, nous en avions, mais on nous les a ôtées.

D. — Qui est-ce qui vous les a ôtées?

R. — C'est la municipalité de Sermaise.

D. — Combien aviez-vous de fusils?

R. — Deux ou trois.

D. — Aviez-vous des épées, sabres, pistolets?

R. — Nous n'avions qu'une paire de petits pistolets de poche, et une paire de grands.

D. — La municipalité de Sermaise vous en a-t-elle laissé?

R. — Non, elle a tout emporté.

D. — Avez-vous eu des relations particulières avec les habitans de Forges?

R. — Non, je n'ai jamais été qu'une fois à Forges et je n'y connais personne.

D. — Avez-vous eu des relations avec les habitans de Richarville?

R. — Je connais plusieurs personnes à Richarville, j'y ai été quelques fois jouer à la paume, le jour de la fête et je n'y ai pas eu d'autres relations que pour mes affaires, encore il y a fort longtemps.

D. — Avez-vous des relations avec les habitants de Saint Chéron ?

R. — Je n'en ai eu que relativement au commerce que j'y faisais, soit avec les bouchers, soit pour me procurer du bois.

D. — Avez-vous connaissance des troubles dans plusieurs départements?

R. — Je sais qu'il y a eu des troubles dans plusieurs départements mais ne lisant plus les journaux, je ne sais pas lesquels, je n'en ai eu connaissance que par les bruits publics.

D. — Avez-vous quelqu'un avec qui vous correspondez dans ces départements ?

R. — Non, je n'y connais personne.

D. — Votre père ou vos frères ne correspondent-ils pas avec quelqu'un dans ces départements?

R. — Non, pas plus que moi.

D. — Le vicaire de votre paroisse a-t-il tiré au sort pour le recrutement?

R. — Non, il était alors allé dans son pays.

D. — Avez-vous connaissance que votre père avait écrit à quelqu'un que le vicaire ne partant pas, son fils ne partirait pas non plus ?

3

R. — Non je n'en ai point connaissance, je sais que mon père a écrit une lettre à la municipalité de Sermaise, mais je n'en ai pas su le contenu.

D. — Vos réponses contiennent-elles vérité?

R. — Je puis l'assurer.

D. — Ne voulez-vous y rien changer, augmenter, ni diminuer?

R. — Non, je demande seulement à y ajouter que l'officier des gendarmes de Dourdan et le concierge de la maison de détention, m'ont dit dimanche dernier, dans la journée, à Dourdan, que si mon père et mes frères eussent été à la messe ou à vêpres à la chapelle de Blancheface ce jour-là, on aurait travaillé à adresser au Directoire un certificat en leur faveur pour obtenir leur élargissement. A quoi j'ai répondu que cela ne nous rendrait ni plus ni moins coupables, d'où je conclus qu'ils ont du ressentiment contre nous.

Lecture à lui faite des réponses et questions des autres parts a dit qu'elles contiennent vérité et qu'il y persiste et a signé avec nous, tant au bas des pages que du présent procès-verbal fait et clos lesdits jour et an, heure de midy et demi.

Avant la signature le répondant a demandé que réfléchissant sur la réponse qu'il avait faite à cette question « qu'entendez-vous par être hors la Loi » il croyait n'avoir pas bien pris le sens de la question, l'on substitue à la réponse qu'il a faite, celle suivante : « je pense qu'un homme qui dirait qu'il est hors la loi croirait qu'il est dispensé de s'y soumettre parceque elle prononcerait une exemption en sa faveur » et a signé avec nous.

C.-L. Rabourdin, Saurat, Cebery.

Rabourdin père, inquiet du sort de ses enfans, résolut de s'adresser aux administrateurs du département de Seine-et-

Oise et de faire apostiller sa lettre par des habitants de Sermaise; le 5 juillet il expose l'état malheureux dans lequel il
se trouve :

*Aux citoyens administrateurs du département
de Seine-et-Oise.*

« CITOYENS,

« Charles Rabourdin cultivateur, demeurant au hameau
de Blancheface, paroisse de Sermaise sous Dourdan, vous
expose que père de onze enfants, ayant eu le malheur de
perdre sa femme, sa consolation s'est fondée sur l'espérance
d'élever ces mêmes enfans en leur procurant à chacun l'éducation et l'établissement que leur doit un bon père ;
« Qu'il n'a rien négligé pour en venir là, quoi qu'il en
soit des circonstances critiques dont le moment présent en-
trave ses intentions et le fatigue au point qu'il cesse de
vivre, singulièrement depuis le mois de mars et d'avril dernier que date l'arrestation de deux de ses enfans actuellement incarcérés dans les prisons du Département et qui
sont Charles Rabourdin, prêtre, son fils aîné, qui a prêté
son serment de Liberté et d'Égalité, et Liphard Rabourdin,
son fils cadet, cultivateur, ce dernier le seul de ses enfans
sur lequel il peut compter pour le seconder dans ses occu-
pations, subvenir à ses besoins et le mettre à même de concourir au soulagement du pauvre auquel il n'a cessé de procurer satisfaction, avantage dont il serait privé, si assistance
ne lui est prêtée par ce dernier fils, second de lui-même,
singulièrement dans l'instant de la moisson qui se présente,
tant pour la récolte des grains que herbes des prés avec
d'autant plus de raison que les citoyens sont rares et que le
peu qui se rencontre en état de travailler, exige des prix
extraordinaires, que d'ailleurs l'occupation de l'exposant
exigeant une active surveillance, il lui est impossible de la

confier en d'autres mains, sans être exposé aux plus grandes
dilapidations qui le conduiraient infailliblement à sa perte et
le priveraient des moyens dont lui et sa famille ont le plus
pressé besoin.

« C'est pourquoi dans ces circonstances, l'exposant requiert
de l'administration à ce que sur son cautionnement liberté
provisoire soit rendue à ses deux fils et notamment à Liphard
Rabourdin l'un deux d'après l'urgence établie au présent
mémoire, aux offres que fait l'exposant de les faire représenter en personne et constituer en état d'arrestation à
toutes réquisitions; ce faisant l'administration statuera dans
sa justice ordinaire.

Fait ce 5 Juillet 1793.

RABOURDIN.

Nous citoyens de la commune de Sermaise certifions le
présent être juste que le citoyen Rabourdin a toujours fait
du bien dans toute la commune, en foi de quoi avons signé :

DANFERT; *officier municipal;* BAUDET-RENARD ; Louis
COURTIN; Nicolas LECOMTE-MASSÉ ; A. JOUSSE ;
Brice-PRIVÉ; DANFER-LAMOURER ; GUENÉE ; Jacques
MICHEL ; Pierre-Louis COQUET; A. HARDOUIN; Fran-
çois CHEVALIER; Louis FOUCHARD; Louis COQUET;
André MATIGNY-PLIGNEAU; J. F. COQUET; Ger-
main GODIER; Pierre SAINTIN ; Jean-Louis MICHE-
LET; François CHEVRIER; Louis GODIER; Pierre-Jean-
Baptiste ANCEAU ; Thomas SAINTIN ; Jean-François
ANCEAU; P. P. DELIMOGES; Germain PRIVÉ; DEHAIS.

La pétition de Rabourdin qui est connue provoque dans la
commune de Sermaise une vive émotion; la municipalité,
le 15 août, rédige et fait signer une protestation qui est
envoyée au département.

*Aux citoyens administrateurs composant le Directoire du
district de Dourdan.*

« L'an 1793, le jeudi 15 août.

« Les Maire, officiers municipaux, notables et citoyens de
la commune de Sermaise, soussignés, assemblés à la maison commune, à l'effet de donner à l'administration des ren-
seignements demandés à charge et à décharge de Charles
Rabourdin, prêtre réfractaire et de Liphard Rabourdin son
frère, tous deux détenus à Versailles pour cause d'incivisme,
ont arrêté pour satisfaire à cette demande, de donner l'exposé
simple et fidèle de la conduite fanatique et incivique de cette
famille, auteur de tous les troubles qui agitent cette déplorable commune.

« Ces troubles remontent au mois de janvier 1791, à
l'époque du serment exigé par la constitution civile du
clergé. Rabourdin, prêtre, alors vicaire de Sermaise, refusa
de faire ce serment; son opinion égara l'esprit de ses
parents, et par ses instructions faites au catéchisme, il jeta
la semence de ces troubles religieux qui ont éclaté depuis,
et qui ne sont pas encore éteints.

« Le 24 avril suivant, jour de l'installation du nouveau
curé, le prêtre Rabourdin, ayant cessé toutes fonctions à la
paroisse, se retira chez son père, laboureur audit lieu, avec
l'homme ci-devant curé de Sermaise et réfractaire ; ils
s'emparèrent de la chapelle de Blanchefaco, mais sur la
plainte des officiers municipaux alors en exercice, l'administration de district fit fermer cette chapelle. Alors ces deux
prêtres opiniâtres construisirent dans le grenier de la ferme,
une espèce d'oratoire ; à cette époque ils donnèrent un libre
cours à leur fanatisme en cherchant à se faire des prosélytes,
ou en engageant toute personne à venir à cet office; on y
faisait des lectures, des instructions de différents pays ; on

y voyait venir habituellement plusieurs personnes telle que la famille Houdouin de Saint-Chéron, la nièce et le domestique de Fournier, et autres de Saint-Sulpice, de Richarville. Si cette famille se fût contentée d'exercer son culte dans l'intérieur de la maison, paisiblement et conformément à la loi du 7 mai, la municipalité les eût fait jouir du bienfait de la tolérance et de la liberté des cultes, mais la manifestation de leur opinion religieuse et la nouvelle souvent répétée du retour prochain de l'ancien régime, jetèrent trop de frayeur et d'incertitude dans les esprits pour ne pas invoquer contre eux le secours de la loi. En effet ces deux prêtres ne cessaient d'effrayer par leur discours religieux ; des catéchismes fanatiques et séditieux étaient répandus, (on en a trouvé un chez une fille Coquet entre autre) les enfans Rabourdin, formés à cette école, allaient dans les maisons débiter la même doctrine, tandis que Liphard Rabourdin, plus hardi, tenait publiquement des conversations propres à intimider et sur la religion et sur les affaires politiques.

« Jean Louis Favier de Blancheface déposera s'il en est besoin et rendra compte d'une conversation qu'il eut à ce double sujet avec Liphard Rabourdin, dans la boutique du maréchal de Blancheface, en présence de plusieurs témoins ; en outre à Dourdan, à l'auberge du Croissant, le même Liphard Rabourdin, manifesta ses opinions anticiviques en présence de plusieurs laboureurs et fariniers, du nombre desquels était le citoyen Milochaut de Saint-Yon, qui donnera de plus grands éclaircissements si bon lui semble, enfin tout ce qui appartient à la famille Rabourdin, les servantes, les journaliers étaient les organes ordinaires par lesquels on faisait passer toutes les nouvelles capables d'effrayer les esprits ; on peut requérir le témoignage des filles Soricul et Godier, de Jacques Michelet et de Louis Michelet, tous deux journaliers chez le père Rabourdin qui ne pouvaient savoir que de cette source, les affaires politiques et les questions religieuses dont ils fatiguaient le public.

« Le 9 octobre 1791, le prêtre Rabourdin, pour réveiller l'attention de ses prosélytes et en faire d'autres, répandit dans la commune une lettre fanatique écrite par lui, et qu'il a reconnue et avouée chez le juge de paix du canton de Dourdan.

La municipalité voyant que sa tolérance devenait dangereuse, que les troubles croissaient, que les plaintes devenaient générales, dénonça au mois de janvier 1792, ces deux prêtres et leurs adhérents à l'administration du district et du département sans aucun succès; après trois mois d'attente, le mal augmentant de jour en jour, la commune fit une semblable dénonciation au juge de paix du canton de Dourdan. D'après sa procédure, le père et les deux enfants Rabourdin, furent conduits à la maison d'arrêt de Dourdan et de là remis au juré d'accusation de Rambouillet, qui, par un excès d'indulgence et malgré les preuves et les témoins, rendit ces fanatiques à la liberté; alors le mal fut à son comble, cette famille devenue plus hardie, tenait des discours plus inquiétants; la ferme de Rabourdin, devint plus que jamais le rendez-vous des aristocrates; on y voyait abonder les prêtres réfractaires de Richarville, de la forêt Saint-Nicolas, de Louye, de Saint-Sulpice et des femmes de différents pays; l'opiniâtreté était telle qu'au mois de septembre suivant, après la publication de la loi, relative à la déportation des prêtres réfractaires, on trouva dans la ferme le curé de la forêt Saint-Nicolas, le jour que l'on reconduisait encore dans une maison d'arrêt le père Rabourdin, et Liphard Rabourdin qui furent remis en liberté quelques jours après; depuis ce tems jusqu'au 17 mars 1793, époque du recrutement, la municipalité leur recommanda plusieurs fois de se comporter avec modération et prudence.

Quant au jour du recrutement nous attestons véritable le procès-verbal de commissaire qui contient le trouble excité dans l'assemblée, les expressions anticiviques de Liphard Rabourdin qu'il était rebelle à la Loi, — il suffira d'ajouter

que cinq voix seulement et non pas la moitié de l'assemblée
demandaient que le vicaire de Sermaise fut soumis au contingent.

Depuis la détention de ces deux Rabourdin, la commune a
joui d'une assez grande tranquillité mais à la nouvelle de
différentes pièces que le père Rabourdin, faisait signer en
faveur de ses deux enfants, à l'effet d'obtenir leur élargissement, les alarmes ont recommencé ; le souvenir du passé,
la crainte de nouveaux troubles effrayent les habitants avec
d'autant plus de raison que les partisans de cette famille se
montrent plus hardiment et qu'ils débitent des nouvelles
sinistres. Louis Renard, déposera les avoir entendu tenir à
Jacques Michelet ; c'est ce qui a déterminé la municipalité à
écrire au département une lettre pour prier cette administration de ne point élargir ces deux hommes si dangereux,
de ne point croire que les signataires de la requête dudit
Rabourdin, exprimassent le vœu de la commune, mais que
tous ces signataires étaient ou partisans ou dépendants
dudit Rabourdin comme maréchal, cordonnier, fermiers,
journaliers, et même que trois des signataires avaient
rétracté leurs signatures, avouant qu'ils n'avaient pas lu la
requête de Rabourdin, enfin que telle était l'influence des
richesses entre les mains de cet homme, que plus il obligeait,
plus il augmentait le nombre de ses partisans et que l'élargissement des deux détenus serait un fléau pour la commune
de Sermaise.

Plus voisins de cette déplorable commune, les administrateurs du district de Dourdan, seront plus en état de juger de
la vérité des faits ci-dessus énoncés, leurs oreilles en ont
été souvent frappées.

En conséquence la commune de Sermaise espère trouver
dans l'administration du district un juste appui contre les
efforts et les tentatives d'une famille auteur de tous les
troubles qui désolent ce pays, et que l'administration du
département suffisamment éclairée sur cet objet ne pronon-

cera pas l'élargissement de ces deux hommes si nuisibles à la tranquillité publique.

Fait et arrêté en la maison commune de Sermaise les jour et an que dessus.

Suivent les signatures :

DUPRÉ, *maire*; Jean-François GOUDET, *officier*; J.-B. LECLANCHET, *notable*; BARY, *notable*; Léonard DUPRÉ; ROUSSIN; COQUET, *officier*; RENARD, *officier*; Guillome GOURDAIN; François COQUET; GAUTIER; Jean COQUET; Pierre DRAMARD; Jacques SAINTIN; P.-L.-C. HAUDOUIN; François COQUET; Cir JOURDAIN; J.-L. FAIRET, *officier*; C.-F. LAISNE.

J'ay renoncé à la signature que j'ai signée pour le sieur Rabourdin, et je signe icy avec connaissance de cause, et même je ne suis pas habitant de la paroisse.

MASSÉ.

J'ai renoncé à la signature que j'ai signée pour le sieur Rabourdin, et je signe icy, avec connaissance de cause.

A. JOUSSE; DUJARDIN; FILON; Mathurin CHATENAI; Michel GUIRY.

Et ont adhéré au présent mémoire les suivants qui ont déclaré ne savoir signer, lesquels sont :

Jean BLOT; Étienne SOYER, *notables*; Denis FAVIER; Louis RENARD et Jean JOURDAIN. DUPRÉ, *maire*.

Sans interrogatoires et incidents nouveaux, les deux frères restèrent à la prison des Récollets de Versailles jusqu'au mois d'avril suivant; à cette époque, l'instruction reprit son cours fatal.

Le département renvoyait les pièces au district de Dourdan qui le 6 floréal (25 avril 1794) décédait qu'il y avait lieu d'expédier le dossier au tribunal révolutionnaire.

EXTRAIT DU REGISTRE DES DÉLIBÉRATIONS DE L'ADMINISTRATION DU DISTRICT DE DOURDAN

Séance du 6 floréal

Vu par l'administration un arrêté du département de Seine-et-Oise, en date du 2 floréal, portant renvoi à ce district des pièces relatives à l'affaire du nommé Rabourdin ci-devant vicaire de Sermaise, prévenu d'avoir par des discours, prédications et libelles anticiviques, cherché à entraver la marche de la Révolution, à ôter au peuple sa confiance dans la Représentation nationale ; le dit renvoi motivé sur ce qu'aux termes de la loi sur le gouvernement provisoire et révolutionnaire, la surveillance des mesures de sûreté générale est spécialement attribuée aux districts :

Vu les dites pièces au nombre de huit, consistant :

1° En un procès-verbal dressé par le citoyen d'Envers le 17 mars 1793 des troubles qui ont eu lieu dans la commune de Sermaise, lors du recrutement à l'occasion dudit Rabourdin ;

2° Une copie du procès-verbal de l'interrogatoire subi par le dit Rabourdin, le 1er avril ;

3° En une lettre dudit Rabourdin en date du 23 avril ;

4° En un procès-verbal et interrogatoire subi par Charles Liphard Rabourdin, frère du prévenu, le 30 avril ;

5° Un autre procès-verbal d'un nouvel interrogatoire subi par le même le 3 mai ;

6° Une requête présentée à l'administration du département par Rabourdin père, le 5 juillet, tendant à obtenir l'élargissement de ses fils ;

7° Un procès-verbal du Conseil général de la commune de Sermaise, en date du 15 août ;

8° Enfin un extrait des registres de la commune de Dourdan, duquel il appert que Rabourdin a prêté le 12 septembre, le serment de maintenir la liberté et l'égalité, prescrit par la loi du mois d'août 1792,

Vu enfin l'arrêté de cette administration, en date du 30 mars, qui a ordonné l'arrestation de Rabourdin,

Ouï l'agent national,

L'administration considérant qu'aux termes de l'article 3 de la loi du 18 nivôse, contenant des modifications à celle du 11 avril 1792, relative à la police de sûreté générale, les Directoires de districts sont chargés de faire passer aux tribunaux qui doivent en connaître les pièces, procès-verbaux ou interrogatoires que les municipalités ou les comités de surveillance ont envoyés à ces administrations et qui ont déterminé les mandats d'arrêts contre des prévenus, qu'aux termes de l'article 1er du titre 1er des décrets des 27 et 28 germinal, concernant la police de la République, les prévenus de conspiration doivent être traduits de tous les points de la République au tribunal Révolutionnaire à Paris, que les faits imputés audit Rabourdin sont attentatoires à la liberté et à l'égalité,

Arrête que toutes les pièces ci-dessus citées, ensemble expédition du présent, seront envoyées sans délai à l'accusateur public, près le Tribunal Révolutionnaire avec invitation d'en accuser la Réception.

Pour Expédition :

MOREAU *père*,
PILLET, *secrétaire*.

Le dossier partait le 16 floréal (5 mai 1794) pour Paris, avec une lettre d'envoi des membres du Directoire du district de Dourdan.

« Dourdan, 16 floréal, an 2».

« Les administrateurs du district de Dourdan à l'accusateur public du Tribunal révolutionnaire à Paris.

« Nous te faisons parvenir ci-joint les affaires concernant
les nommés Rabourdin, Cousin, Hocmelle et Huart, Laslier,
Corteuil [1] et autres de la commune de Rambouillet détenus
aux Récollets.

« Nous t'invitons à nous accuser la réception de ces pièces.

« Salut et fraternité !

BINOIS; SAVOURÉ; FARGIS; CODECHÈVRE; MOREAU père,
RAGUIDEAU; LECOMTE.

Relativement à Rabourdin, il y a des pièces intéressantes
déposées au tribunal de ce district séant à Rambouillet,
ajoutait le District.

Les témoins à citer devant le tribunal révolutionnaire
étaient les suivants :

*Liste des témoins à assigner aux débats dans les affaires
ci-après :*

1° François d'Eenvers, membre du Directoire du district
de Dourdan, département de Seine-et-Oise;

2° Un membre du comité de surveillance de Sermaise, district de Dourdan;

3° Louis Favier, de Blancheface, de Sermaise, district de
Dourdan;

4° Michelet, journalier chez Rabourdin.

Le 1er juin les deux frères Rabourdin comparaissaient
devant le tribunal révolutionnaire qui rendait un jugement
de condamnation à mort; la minute du jugement donne
toutes les phases du débat qui se déroula; le tribunal vise
d'abord l'acte d'accusation :

Vu par le Tribunal révolutionnaire établi à Paris, l'acte
d'accusation dressé par l'accusateur public près iceluy
contre :

[1] L'histoire de Hocmelle, Huart, Laslier, Corteuil et Brou fera l'objet
d'une étude particulière.

1º Charles Rabourdin, âgé de 31 ans, prêtre et cy-devant vicaire de la commune de Sermaise;

2º Charles-Liphard Rabourdin, cultivateur, âgé de 30 ans, né à Sermaise demeurant à Blancheface... et dont la teneur suit :

Antoine-Quentin Fouquier, accusateur public du tribunal révolutionnaire établi à Paris, par décret de la Convention nationale du 10 mars 1793, sans aucun recours au Tribunal de cassation, en vertu du pouvoir à luy donné par l'article 2 d'un autre décret de la Convention du 5 avril suivant, portant que l'accusateur public dudit tribunal est autorisé à faire arrêter, poursuivre et juger sur la dénonciation des autorités constituées ou des citoyens,

Expose que par différents arrêtés du comité de surveillance des administrateurs du district de Dourdan, en date du 6 floréal, Charles Rabourdin, âgé de 31 ans, prêtre et ci-devant vicaire de la commune de Sermaise, Charles Liphard Rabourdin, âgé de 29 ans, cultivateur au même lieu, ont été dénoncés à l'accusateur public qui a décerné mandats d'arrêts contre eux, en vertu desquels ils ont été traduits au tribunal comme prévenus d'avoir employé des manœuvres tendantes à exciter des troubles et émeutes contre révolutionnaires, d'avoir tenu des conciliabules et favorisé des rassemblements de prêtres réfractaires et autres fanatiques et d'avoir tenu des discours et propos tendant à la dissolution de la représentation nationale et au rétablissement de la royauté, que les dits prévenus ont été conduits en la maison d'arrêt de la conciergerie, qu'examen fait des procès-verbaux, dénonciations et autres pièces transmises à l'accusateur public, il en résulte que les susnommés ont tous chacun dans leurs cantons respectifs conspiré contre la liberté et le gouvernement républicain en cherchant par toutes sortes de manœuvres, à avilir les autorités constituées et à rétablir la tyrannie, qu'en effet Charles Rabourdin prêtre et Liphard Rabourdin son frère, cultivateur, sont au nombre de ces conspirateurs qui ont cherché par le moyen du fanatisme, à exciter les plus grands troubles pour opérer s'il leur eut été possible la contre révolution : en effet, ils sont notoirement connus dans la commune de Blancheface, pour avoir tenu des conciliabules et rassemblements de prêtres réfractaires ; ils construisirent à cet effet dans le grenier de leur ferme une espèce d'oratoire, où ils donnèrent un libre cours à leur fanatisme ; cette ferme devint le rendez-vous de tous les aristocrates, on y voyait abonder les prêtres réfractaires de Richarville, de la Forest-Saint-Nicolas, de Louye, de Saint-Sulpice ; on cherchait à se faire des prosélites, on engageait toutes personnes à venir assister aux messes qu'on y célébrait, on y administrait les sacrements, on y faisait des lectures, des instructions, on y calomniait la Révolution, par des discours aussi séditieux que fanatiques ; des catéchismes et autres écrits, propres à entretenir la superstition, étaient répandus avec profusion ; les enfants Rabourdin formés à cette école, allaient dans les maisons débiter la doctrine qu'on leur prêchait dans ce foyer de contre révolution ; tandis que Liphard Rabourdin, tenait publiquement des conversations propres à intimider, et sur la religion et sur les affaires politiques.

D'après l'exposé ci-dessus, l'accusateur public a dressé la présente accusation contre Rabourdin prêtre et Rabourdin cultivateur, pour avoir conspiré contre la République, la Liberté et la sûreté du peuple français en employant des manœuvres tendantes à exciter des troubles et émeutes contre révolutionnaires, en tenant des conciliabules et favorisant des rassemblemens de prêtres refractaires et autres fanatiques et en tenant des discours et propos contre révolutionnaires, et en provoquant par leurs manœuvres et propos la dissolution de la Représentation nationale, l'avilissement des autorités constituées et le rétablissement de la Royauté, ce qui est contraire aux lois de la République,

Pourquoi l'accusateur public, requiert qu'il lui soit donné

acte par le tribunal assemblé, de l'accusation par luy portée contre les susnommés, en conséquence qu'il soit ordonné qu'à sa diligence et par un huissier du tribunal porteur de l'ordonnance à intervenir, lesdits Charles Rabourdin et Charles Liphard Rabourdin, actuellement détenus en la maison d'arrêt de la Conciergerie, seront écroués sur les registres de la dite maison d'arrêt, pour y rester comme en maison de justice, comme aussy que ladite ordonnance à intervenir sera notifiée tant aux accusés qu'à la municipalité de Paris. Fait au cabinet de l'accusateur public, le 11 messidor de l'an 2º de la République française, une et indivisible.

L'ordonnance de prise de corps, rendue par le tribunal, le 11 messidor, contre Charles Rabourdin et Charles Liphard Rabourdin, le procès-verbal de remise d'écrou de leurs personnes en la maison de justice du tribunal, sont ensuite mentionnés au jugement, puis la déclaration du jury de jugement, faite individuellement à haute et intelligible voix à l'audience, porte que Charles Rabourdin et Charles Liphard Rabourdin sont convaincus de s'être rendus les ennemis du peuple, en conspirant contre la sûreté et contre l'unité et l'indivisibilité de la République, en excitant des émeutes contre révolutionnaires, en tenant des conciliabules, en provoquant par toute espèce de manœuvres et de propos, la dissolution de la Représentation nationale et le rétablissement de la Royauté; enfin décision des juges :

Le Tribunal après avoir entendu l'accusateur public sur l'application de la loi, condamne lesdits Charles Rabourdin et Charles Liphard Rabourdin, à la peine de mort, conformément aux articles 4, 5 et 7 de la loi du 22 prairial proche passé, dont lecture a été faite et ainsi conçus :

« Le Tribunal révolutionnaire est institué pour punir les ennemis du peuple.

« Les ennemis du peuple sont ceux qui cherchent à anéantir la liberté publique, soit par la force, soit par la ruse.

« La peine portée contre tous les délits dont la connaissance appartient au tribunal révolutionnaire est la mort.

« Déclare les biens desdits Charles Rabourdin et Charles
Liphard Rabourdin, acquis à la République, conformément
à l'article 2 du titre 2 de la loi du 10 mars 1793 dont il a été
également fait lecture.

. . . .

Fait et prononcé à l'audience publique du tribunal révolutionnaire à laquelle siégeoient les citoyens Pierre-André Coffinhal [1],
vice-président, Gabriel Deliège et Philippe-Jean-Marie Barbier,
juges, qui ont signé la présente minute, avec le commis greffier.

A Paris, le 13 messidor, l'an 2 de la République française une et
indivisible.

DELIÈGE; COFFINHAL;

P. H. BARBIER; DERBEZ.

[1] Guillotiné le 5 août 1794.

LA DERNIÈRE ABBESSE DE LOUYE [1] (Commune des Granges-le-Roy)

ET PRÉFONTAINE

RÉGISSEUR DE LA TERRE DE ROCHEFORT EN YVELINES
(CANTON NORD DE DOURDAN)

31 mars. — 27 juin 1794

Dans son audience du 9 messidor an 2 (27 juin 1794) le tribunal criminel révolutionnaire prononçait deux condamnations à mort intéressant la région de Dourdan, l'une contre J. B. Sommereux-Préfontaine, âgé de 59 ans, né à Beauvais, régisseur des biens de Rohan-Rochefort, l'autre contre P. N. Duportal, âgée de 54 ans, ex-abbesse de Louye, près de Dourdan; d'après le jugement, l'ancien régisseur et l'ex-abbesse étaient convaincus avec d'autres d'entretenir des intelligences avec les ennemis de la patrie; les deux affaires s'étaient trouvées tout naturellement liées l'une à l'autre.

Arrêtée une première fois, l'abbesse avait été relâchée, sur un ordre de A. Crassous représentant du peuple, en mission; de sa prison à Versailles, Mme Duportal avait alors adressé aux autorités une pétition ainsi conçue :

Pour la citoyenne Duportal, parente du citoyen Portal,
officier de santé à Paris

« J'ai été mise en arrestation sur un réquisitoire de l'Agent national du district de Dourdan, motivé sur ce qu'on avait trouvé dans un journal de dépenses du régisseur de la terre de Rochefort ces mots « 20 sols pour avoir affranchi

[1] Archives nationales W 397, n° 921, 2e partie. M. Guyot dans sa *Chronique de Dourdan* dit que l'abbesse Duportal au moment de son arrestation habitait à Dourdan dans une maison devant la grosse tour (*Chronique de Dourdan*), p. 342.

une lettre pour Heidelberg de Mlle du Portal pour Mlle de Rohan. »

« Sûre de mon innocence, autant que de l'intégrité de mes juges, ce n'est qu'en leur avouant avec candeur la vérité, et en la leur présentant toute nue, que je me défendrai contre les préventions que cette note peut élever contre mes opinions révolutionnaires et contre mon incivisme. Je déclare donc que j'ai écrit en effet, mais voici comment et pourquoi :

« En 1779, la femme Rohan, victime de l'ancien régime, fut mise par lettre de cachet chez moi ; la voyant malheureuse, je lui marquai tout l'intérêt que l'humanité inspire, et cela la décida à me confier l'éducation de deux de ses filles, dont la plus jeune a actuellement 7 ans.

En septembre ou octobre 1792, je me rendis à l'administration du district de Dourdan, pour solliciter les secours que la loi accordait aux enfants d'émigrés et j'y appris qu'un décret permettait la rentrée en France jusqu'à 14 ans accomplis.

Lors du séjour de sa mère chez moi, je lui connus un fils nommé Henri, qui m'avait inspiré beaucoup d'intérêt, c'est-à-dire celui qu'inspire un enfant qu'une éducation vicieuse n'a pas encore dénaturé et qui par son âge était encore dans le cas de profiter du bénéfice de la loi.

Je formai donc le projet de le soustraire au malheur que lui préparaient ses parents et à la sortie de la troupe émigrée.

Pour effectuer mon projet, j'écrivis à la jeune fille Rohan[1] et je la priai d'employer tout l'ascendant qu'elle avait sur son père, pour l'engager à faire rentrer le frère qui n'avait alors que 13 ans, et j'envoyai ma lettre au régisseur pour qu'il la fît partir ; j'avais une telle confiance dans cette négociation patriotique que je cherchais d'avance à m'assurer d'une pension dans laquelle ce jeune homme pût être élevé dans les principes de la Révolution. L'on m'adressa au

---

[1] La princesse Charlotte. La pétition est d'accord avec une lettre de la mère du jeune homme que nous publierons dans une étude : *les Rohan-Rochefort pendant la Révolution.*

citoyen Le Conte, rue Dominique-Denfer, qui avait alors la
réputation d'un patriote bien prononcé, ce qui lui avait
mérité d'être président de sa section, mais cette démarche
n'a eu aucune suite, car je n'ai pas reçu de réponse à ma
lettre, et je n'ai eu aucune nouvelle directement, ni indirec-
tement de la jeune Rohan.

Je n'avais pas transgressé la loi qui en octobre 1792 ne
défendait pas d'écrire aux émigrés et mon intention ainsi
établie, loin de présenter rien de criminel, annonce le projet
d'une bonne action.

Peut-être le jeune Rohan fut-il resté digne de la liberté,
car on ne naît pas prince et une bonne éducation l'aurait
rendu citoyen.

D'après cet exposé, les soupçons que la note du régisseur
ont pu jeter sur moi en faisant supposer une correspondance,
sont absolument détruits, et pour n'en laisser aucun doute,
je renvoie aux différentes preuves de civisme consignées
dans les certificats dont je suis pourvue.

Il en résulte qu'en écrivant cette lettre, j'ai tout au plus
commis une erreur involontaire, mais que mes intentions ne
peuvent être soupçonnées d'être mauvaises ; les personnes
que je prie d'appeler en témoignage et qui ont connaissance
de mes démarches pour la rentrée du jeune Rohan sont :

Le citoyen Le Conte, maître de pension, rue Dominique-
Denfer ;

Le citoyen Belleville, ancien administrateur du district de
Dourdan, aujourd'hui maire dans ladite commune ;

Le citoyen d'Envers, ancien administrateur de Dourdan,
administrateur actuel du département de Seine-et-Oise,
actuellement détenu aux Récollets à Versailles.

La citoyenne DUPORTAL.

Cette pétition avait été appuyée d'abord d'un certificat de
civisme, approuvé par le Comité de surveillance et par le
district.

CERTIFICAT DE CIVISME

DÉPARTEMENT DE S.-ET-O. — DISTRICT DE DOURDAN
MUNICIPALITÉ DE DOURDAN

Sur le rapport fait au Conseil général de la Commune par la Municipalité que la citoyenne Pierrette Nicolle Duportal ex-religieuse de la ci-devant Abbaye de Louye, demeurant en cette commune, maison de la citoyenne veuve Carey, rue de la République, née le 27 février 1740, qui demande un certificat de civisme, a subi les 3 jours d'affiches prescrits et qu'à l'appui de sa demande est jointe la quittance de la totalité de sa contribution patriotique, celle de son imposition mobilière de l'année entière 1792 et années antérieures, ensemble :

1° Le certificat qui atteste que la citoyenne Duportal n'a pas été comprise sur la liste des émigrés de ce département et que ses biens n'ont pas été mis en séquestre ;

2° Celui de la municipalité de Dourdan, constatant que la dite citoyenne demeure en cette commune, qu'elle réside dans l'étendue de la République sans interruption depuis plusieurs années, notamment depuis le 9 mai 1792 jusqu'à ce jour,

Le Conseil général arrête et déclare que le présent lui est délivré pour certificat de civisme conformément aux lois des 30 janvier, 5 février et 10 juin de la présente année. Et a pour signalement ladite citoyenne, taille de 5 pieds 2 pouces, cheveux et sourcils châtains, front élevé, yeux noirs, nez ordinaire, bouche moyenne, menton rond, visage rond.

Fait en la Maison commune de Dourdan, le 11 germinal, l'an 2° (3 mars 1794).

Et la citoyenne signe avec nous : la citoyenne DUPORTAL ; GUIGNARD, *maire* ; P.-F. HOUSSU ; CATTON ; CHARTIER ; LAMBERT ; DÉLIVRÉ ; J. CHÉRON ; CHAUTARE, *secrétaire* ; B. LEFORT ; GABIE ; ADAM ; PATOUILLET ; LAGUERRE.

Vu et approuvé par nous, Membres du Comité de surveillance

et révolutionnaire de Dourdan, à la charge par la citoyenne
Duportal de prêcher la haine des tyrans coalisés.

Ce 18 germinal, l'an 2, (7 avril 1794).

> A.-L. GORET ; CORBES ; LHOSTE ; PHELIPONS ; DESES-
> SARD ; RENARD *l'aîné;* SOUPE ; VAQUERET ; VALLÉE *fils*;
> DESLANDRES ; GRILLON.

Vu et approuvé par nous administrateurs du District de Dourdan,
le 7 Floréal de l'an 2.

> SAVOURÉ ; CODECHÈVRE ; MOREAU, *père*; FARGIS ; BINOIS;
> RAGUIDEAU ; PILLET.

Enregistré à Dourdan, ce 13 germinal (26 avril) reçu 20 sols.

CAZZUY.

Les religieuses que l'ex-abbesse avait eues sous ses ordres
avaient, le 22 avril, certifié son patriotisme :

> « Ce 3 floréal l'an 2 (22 avril).

« La citoyenne Duportal nous ayant fait part des inculpations intentées contre elle, ayant été les témoins de sa conduite et l'ayant de plus observée depuis l'instant de la Révolution, certifions à qui il appartiendra que la citoyenne Duportal, ci-devant notre abbesse non seulement n'a jamais employé aucuns moyens pour nous empêcher de profiter du bénéfice de la liberté accordée par la loi, mais qu'elle nous a toujours prêché d'exemples et de paroles, respect, soumission aux lois et aux autorités constituées ; nous pouvons même attester les preuves de patriotisme qu'elle nous a données par des faits ; le lendemain de la prise de la Bastille, époque mémorable où le peuple français brisant courageusement ses fers, conquit sa liberté, la citoyenne Duportal inspirée par son propre mouvement, distribua à toutes les personnes de la maison sans distinction, des cocardes tricolores, et peu de temps après elle fit chanter dans l'église le *Te Deum*, pour célébrer le triomphe de la liberté ; les premiers jours de septembre 1792, elle se sécularisa et nous invita à l'imiter, ce que nous fîmes le 9 du même mois ; elle nous engagea à faire le serment de liberté et d'égalité, serment qui alors ne nous était pas encore demandé, elle le fit même 2 mois avant nous ; un an avant l'évacuation des maisons religieuses, elle nous dit à toutes que la quantité de prêtres réfractaires rendant difficile la possibilité d'avoir un chapelain il fallait nous déterminer à nous en passer en ajoutant (ce sont ses propres expressions) que les directions n'étaient pas ce qui honorait la divinité, et qu'on lui plaisait bien plus par les qualités de l'âme ; ces faits sont l'exacte vérité et nous y rendons hommage en les signant. »

✝ La citoyenne Poussard ne pouvant pas signer a fait une croix ; Malivori ; Fador ; Arrivaux ; Bercher ; la citoyenne Vient, ne sachant pas signer a fait une croix.

Et le 31 mai, A. Crassous s'était décidé à signer sa mise en liberté ainsi que celle d'une sœur à elle :

COMITÉ DE SURVEILLANCE RÉVOLUTIONNAIRE DE VERSAILLES

A. Crassous, représentant du peuple dans les départements de S.-et-O. et Paris.

Du 12 prairial (31 mai).

Vu la pétition de la citoyenne Duportal, ci-devant abbesse de Louye et de la citoyenne Duportal sa sœur ci-devant religieuse à Saverne, demeurant toutes deux à Dourdan, et aujourd'hui détenues à la maison des Récollets à Versailles,

Vu les motifs de l'arrestation et le procès verbal de levée des scellés, ensemble les pièces relatives à la conduite de la citoyenne Duportal ci-devant abbesse pendant le cours de la révolution.

J'ai arrêté que ces citoyennes seront mises en liberté.

Montagne Bon-Air (St-Germain-en-Laye) 12 Prairial (31 mai).

Signé : A. Crassous,

Cependant une instruction criminelle commencée contre Sommereux-Préfontaine régisseur des Rohan Rochefort suivait son cours; le 26 prairial an II (14 juin 1794) les administrateurs du district de Dourdan recevaient son compte et procédaient à son interrogatoire; ce compte avait été déposé entre leurs mains le 8 mai :

Nous, administrateurs du district de Dourdan, certifions que le citoyen Préfontaine a déposé au Directoire le compte de la gestion qu'il a eue des revenus de l'émigré Rohan, et qu'attendu les travaux considérables de l'administration, il ne lui a pas encore été possible de se livrer à son examen, mais qu'un rapporteur s'occupe de cette affaire sur laquelle on prononcera incessamment.

Fait ce 19 Floréal (8 mai).

Codechevre ; Savouré ; Le Cosme ; Raguideau ; Renard ; Binois.

Le 14 juin avait lieu la réception du compte et l'interrogatoire.

26 Prairial (14 juin).

Nous administrateurs du district, étant assemblés au lieu ordinaire de nos séances, pour recevoir le compte de Préfontaine, ci-devant régisseur de l'émigré Rohan, comme

ayant été établi gardien et chargé par arrêté de l'ex-admi-
nistration, du 18 juin 1792 de continuer provisoirement
l'exploitation des bois et coupe de la régie des domaines
non affermés qui étaient exploités au compte dudit émigré
ce qu'il a effectué jusqu'au 3 novembre, même année, par
suite de son ancienne gestion, en procédant à l'examen du
journal des recettes et dépenses, il a été remarqué qu'il avait
porté en dépense des ports de lettres :

1° D'une par lui reçue de Rohan, émigré en 1790, à l'é-
poque du 12 janvier 1792, et faisant l'article 6 du 4° feuillet
recto ;

2° D'une par lui écrite à Rohan par Rhinausem, et portée
sur le registre à la date du 22 du même mois, faisant l'article 2 du verso du 6° feuillet ;

3° Par lui reçue de Rohan à l'époque du 26 dudit mois
faisant l'art. 5 du recto du 7° feuillet ;

4° Une autre portée à la date du 16 février suivant, article 5
du recto du 10me feuillet en ces termes : « Payé 20 sols pour
affranchir un port de lettre à Mlle de Rohan à Rhinausem ; »

5° Une autre portée à la date du 23 du même mois, article 8 même feuillet dans les termes suivants : « Payé 13 sols
de ports de lettres de M. Rohan Rochefort » ;

6° Une autre portée à la date du 28 du même mois, faisant
l'article 5 du recto du 11° feuillet, ainsi énoncé : « Payé
20 sols pour affranchir un port de lettre à M. de Rohan par
Rhinausem » ;

7° Une autre à la date du 10 mars, art. 8 du verso du
même feuillet, énoncé en ces termes: « Payé 20 sols pour
affranchir un port de lettre à M. de Rohan par Rhinausem ».

8° Une autre du 26 du même mois, art. 2 du recto du
13° feuillet, ainsi conçu : « Payé 12 s. de ports de lettre de
M. Rohan Rochefort » ;

9° Une autre du 26 avril, art. 2 du verso du 16° feuillet,
ainsi conçu: « Payé 29 s. de port de lettre reçue de M. Rohan-
Rochefort » :

10° Une autre du 29 du même mois, art. 4 du même feuillet, ainsi énoncé : « Payé 20 sols pour affranchir un port de lettre à M. Rohan, par Rhinausem » ;

11° Une autre du 20 mai suivant porté art. 2, recto du 28° feuillet ainsi conçu : « Payé 20 s. pour affranchir un port de lettre à l'adresse de M. de Rohan par Rhinausem » :

12° Une autre du 11 juin, article 8 du même feuillet, énoncé ainsi : « Payé 20 s. pour une lettre à M. de Rohan, par Rhinausem » ;

13° Une autre du 20 juin, art. suivant et énoncé ainsi : « Payé 20 s. pour un port de lettre adressée à Mlle Rohan, par Madame l'abbesse, à Heidelberg, en Palatinat, par Rhinausem » ;

14° Une autre du 5 juillet faisant l'article 1er du verso du 19° feuillet, ainsi conçu : « Payé 29 s. de port de lettre de M. de Rohan » ;

15° Une autre du 19 même mois à l'article 4 du même feuillet, ainsi conçu : « Payé 43 s. de port de lettre de M. de Rohan » ;

16° Une du 31 du même mois, article 8 même feuillet, ainsi conçu : « Payé 20 s. pour un port de lettre à M. de Rohan Rochefort » ;

17° Une autre du 10 septembre, article 4° du verso du 20° feuillet, ainsi énoncé : « Payé 30 s. de port de lettre de Mlle de Rohan » :

18° Une autre du 23 dudit article, même verso, ainsi conçu : « Payé 20 s. pour affranchir un port de lettre à Mlle de Rohan à Heidelberg en Palatinat, par Rhinausem ».

— Il a été demandé audit Préfontaine, présent, s'il avait encore en sa possession, les lettres qui lui avaient été adressées par Rohan, a répondu qu'il n'en avait plus qu'une, que les autres ont été brûlées, les unes de suite, et les autres quelques jours après.

D. — Si toutes lesdites lettres à l'exception de celle portée à l'article 13[1] et de celles qu'il a écrites lui-même lui ont été écrites ?

R. — Qu'elles lui avaient été adressées directement à Rochefort et pour lui répondant.

D. — Quel était le motif de sa correspondance avec Rohan ?

R. — C'était pour les travaux qu'il y avait à faire qui regardaient sa régie, le soin des chevaux, et qu'il lui avait marqué par les dernières lettres que le séquestre était établi, et qu'il serait à propos que son fils Henry revînt, pour jouir du bénéfice de la loi, dont il lui avait été donné connaissance par le C[en] Belleville, membre de l'ex Directoire, attendu que ledit Henry n'avait pas encore atteint sa 14e année.

D. — S'il se rappelait du contenu de la lettre qu'il dit avoir encore en sa possession ?

R. — Que cette lettre contient une augmentation de traitement, en lui donnant la place de Moutier[2], son prédécesseur, que cette lettre est à peu près à la date de Pâques 1791.

D. — A quelle époque Rohan a émigré ?

R. — Qu'il était parti de Paris du 8 au 10 mai 1790, pour aller à Saverne, et qu'il ne l'a pas revu depuis.

D. — S'il continue de correspondre avec Rohan ?

R. — Non.

D. — Depuis quelle époque il avait cessé de correspondre avec lui ?

R. — Qu'il n'a pas continué d'après ça, hors que ce fut une lettre ou deux, qu'il n'en sait rien.

D. — Ce qu'il entendait par ces mots, d'après ça ?

R. — Que depuis son compte rendu provisoirement, il ne croit lui avoir écrit qu'une seule lettre, eu égard au compte rendu.

D. — S'il n'a pas connaissance que Rohan ait correspondu avec d'autres personnes ?

[1] L'article 13 est la lettre de l'abbesse.
[2] Moutier était alors directeur de la poste et notaire.

R. — N'en sait rien.

D. — S'il se rappelait de l'époque à laquelle il avait écrit la lettre postérieure dont il est question ?

R. — Que s'il avait écrit, c'était 5 ou 6 jours après son compte rendu provisoirement.

D. — Quels étaient les motifs de sa correspondance avec la fille Rohan émigrée ?

R. — Que c'était pour savoir de lui ce qu'était devenue l'affaire de la femme Rohan, mise en arrestation à Paris.

D. — S'il avait répondu ?

R. — Qu'il avait répondu qu'elle était sortie et qu'elle avait subi son jugement.

D. — A quelle époque, il avait fait cette réponse ?

R. — Qu'il n'en savait rien, que c'était dans le temps qu'elle avait subi son jugement, ou dans le temps pour parler du fils relativement au bénéfice de la loi, et qu'il ne savait pas si c'était à la fille ou au père qu'il avait écrit, qu'il n'y avait qu'à voir à son registre, que si la date était du mois de septembre, c'était au sujet d'Henry.

D. — A lui observé qu'une pareille correspondance avec des scélérats qui avaient excité une partie de l'Europe pour étouffer la liberté de la patrie et la livrer au fer et au feu des ennemis était un crime qu'aucun prétexte ne pouvait voiler.

R. — Qu'il leur a écrit pour ce qui regardait sa gestion.

D. — S'il connaissait l'époque à laquelle ceux sortis du territoire français pour passer à l'étranger étaient déclarés émigrés ?

R. — Qu'il connaît cela du jour du séquestre plus certainement.

D. — Dans quelle vue il continuait sa correspondance avec Rohan, sachant que ses biens étaient confisqués au profit de la République ?

R. — Qu'ayant toujours été en relations avec lui il continuait de l'instruire de ses biens, de sa femme et de ses enfants.

D, — Par qui lui avait été remise la lettre adressée par l'abbesse à la fille Rohan, comme il est dit article 13e ?

R. — Qu'ordinairement le facteur de Rochefort lui remettait ces lettres-là, se reprend et dit : cette lettre-là, que cette lettre était sous enveloppe à son adresse avec un petit mot par lequel elle l'invitait de l'affranchir.

D. — Et cette lettre-là est la seule qui lui ait été ainsi envoyée par la même personne pour des émigrés ?

R. — Qu'il n'en connaissait pas davantage, qu'il pouvait y en avoir d'antérieures à cela, qu'il faudrait voir son compte pour pouvoir répondre pertinemment.

D. — Comment se nomme cette ci-devant abbesse ?

R. — Que c'est l'abbesse de Louye que vous connaissez tous et qu'il l'a toujours entendu nommer Duportal.

D. — A quel bureau il affranchissait ses lettres ?

R. — Au bureau de Rochefort.

D. — S'il n'avait pas reçu sous son adresse des lettres d'émigrés pour remettre à la Duportal ?

R. — Non.

Lecture faite à Préfontaine des demandes et réponses des autres parts et interpellé de déclarer s'il n'a rien à changer à ses réponses et y persister, a répondu qu'il y persiste, et avant de signer a observé que de tous les temps il a été en relations avec lui, depuis qu'il lui appartient et que ce n'est pas à partir du séquestre seulement, et que dans tous les voyages à Paris ou ailleurs, il lui écrivait partout pour tout ce qui regardait sa gestion et ses affaires, qu'il n'a plus rien à dire davantage et a signé.

Le répondant a encore ajouté qu'il paraîtrait que depuis le séquestre, il est en relations avec eux sans de mauvaises intentions, et que c'est bien éloigné de sa façon de penser que ce n'est que la suite de sa correspondance. Lecture de nouveau faite de sa déclaration y a persisté et a signé. A encore observé qu'il paraîtrait que sa gestion ne commencerait qu'à l'établissement du séquestre, mais que le compte qu'il rend est depuis l'époque du 1er janvier 1790, jusqu'au 3 novembre 1792, a déclaré qu'il n'avait plus rien à dire et a signé :

PRÉFONTAINE ; CODECHÈVRE ; LECOMTE ; RAGUIDEAU ; PILLET; RENARD ; BINOIS; SAVOURÉ.

Et après avoir signé, Préfontaine a dit qu'il avait observé dans le cours de son interrogatoire que toutes les lettres qu'il avait écrites étaient adressées à Ettenheim, et a signé ;

PRÉFONTAINE ; BINOIS ; CODECHÈVRE ; LECOMTE ; RAGUI-DEAU ; SAVOURÉ ; RENARD ; PILLET.

Dans un autre interrogatoire, Préfontaine disait en faisant allusion aux lettres qu'on lui reprochait :

« Ces lettres sont donc à charge contre moi ; je n'en ai jamais eu l'idée, même du soupçon puisqu'elles ne contenaient que des demandes et réponses sur ce qui concernait ma régie, le rapport de l'établissement du Séquestre des nouvelles de sa femme et de ses enfants et entre autres de renvoyer son fils Henry qui n'avait pas encore l'âge de quatorze ans, pour nombrer avec ses frères et leur jeune sœur qui n'ont pas sorti de France, afin de jouir du bénéfice de la loi accordé aux enfans restés dans la République.

« Suite de correspondance depuis vingt-trois ans, si vous me demandez pourquoi, je n'en scais rien, comme homme d'honneur qui remplit exactement ses devoirs. Citoyens, voilà ma confession et la vérité.

« C'est donc ma droiture et ma franchise qui fera ma perte, hélas si j'eusse senti commettre un crime, même une faute, je ne serais pas la cause du débat, je n'aurais pas écrit.

« Les lois qui prohibent correspondance avec les émigrés sont postérieures à ces lettres.

« Je n'ai rien dit, ni rien fait contre la République ; da » mes discours j'engageais mes compatriotes à respecter les propriétés et à veiller sur la malveillance.

« J'ai été Major, ensuite commandant de la garde nationale de mon canton; dans nos campagnes nous n'avons pas eu de 10 août, etc. mais dès que nous apprenions la moindre alarme, nous nous mettions sous les armes, je marchais à la tête des patrouilles, pour veiller les malveillants.

« J'ai donné souliers, couverture, argent pour les volontaires et séparément à plusieurs des volontaires.

« J'ai servi douze ans la patrie, fait toutes les campagnes des guerres du Hanovre ; mon zèle, valeur et distinction, sont énoncés dans les certificat et cartouches pour mon congé ; on les trouvera dans mes papiers.

« Je suis père de famille, un fils d'environ vingt mois et une fille de six à sept ans.

Les pièces ci-après délivrées par le directeur de la poste de Rochefort appuyaient l'accusation dirigée contre Préfontaine, en ce sens qu'elles prouvaient que depuis le 8 mai 1790 date du départ de Rohan Rochefort pour l'émigration, Préfontaine avait été en relations avec lui jusqu'au 1er août 1791.

« Je soussigné Directeur des postes au Bureau de Rochefort en Beauce, reconnais avoir reçu de M. de Rohan par les mains de Préfontaine, la somme de 47 l. 14 s. pour lettres taxées venues à mon bureau, aux adresses tant dusdit de Rohan, que de Mme de Rohan, son épouse et par eux adressées à moi soussigné, comme étant alors chargé de leurs affaires à Rochefort et ce à compter du 1er avril 1790 jusqu'à ce jour dont quittance.

Le 1er aoust 1791.

MOUTIER.

Deux autres pièces signées de Favier, l'intendant de la famille de Rohan Rochefort établissaient qu'en 1791 et en 1792 Préfontaine avait fait passer de l'argent à Rohan émigré, bien que celui-ci fut dépossédé de ses biens placés sous séquestre ;

« Je soussigné intendant de Mᵍʳ le prince de Rohan Rochefort, réconnais avoir reçu de Préfontaine, chargé de la perception des revenus de la terre de Rochefort, la somme de 1000 l. à valoir sur ses recettes ;

De la quelle somme de 1000 l. il sera tenu compte à M. Préfontaine.

    Paris, le 30 Décembre 1791.

FAVIER.

Vu et paraphé *ne varietur* par nous commissaire du district et nous receveur de l'enregistremen .

    Ce 28 février 1792.

« Je soussigné reconnais avoir reçu de M. Préfontaine la somme de 10.000 livrés, à valoir sur les recettes de la terre de Rochefort, dont il est chargé ; à Paris, ce 13 janvier 1792.

FAVIER.

Vu et paraphé *ne varietur* par nous commissaire du district et nous receveur de l'enregistrement.

    Le 28 février 1792.

L'interrogatoire du 26 prairial déterminait A. Crassous à faire arrêter Mᵐᵉ Duportal et à la traduire avec Préfontaine devant le tribunal révolutionnaire :

A. Crassous [1], Représentant du peuple

« Vu la délibération de l'administration du district de Dourdan, du 26 de ce mois par laquelle il est constaté que Préfontaine, régisseur de la terre de Rochefort, et la nommée

---

[1] Député de la Martinique, à la Convention, membre du club des Jacobins, arrêté comme auteur de la mort du député Dechezeaux, amnistie en brumaire, an IV, se retira en Belgique, où il exerça la profession d'avocat.

Duportal ci-devant abbesse de Louye, ont entretenu des correspondances avec Rohan Rochefort et la fille Rohan émigrée, les procès-verbaux d'arrestation de ces deux individus,

« J'ai arrêté conformément à la loi du 22 prairial que Préfontaine et femme Duportal seront traduits au tribunal révolutionnaire.

« L'Administration du district les adressera de suite à l'accusateur public avec toutes les pièces relatives à l'affaire,

Montagne Bon-Air (Saint-Germain-en-Laye) 28 prairial (16 juin 1794).

Signé : A. CRASSOUS,

Le lendemain 17 juin le district ordonnait que les accusés seraient transférés à la conciergerie et que leurs dossiers seraient envoyés à l'accusateur public.

EXTRAIT DU REGISTRE DES DÉLIBÉRATIONS DE L'ADMINISTRATION DU DISTRICT

Séance du 29 prairial (17 juin 1793)

Vu par l'administration sa délibération du 26, sur la certitude qu'elle a acquise tant par l'inspection du journal des recettes et dépenses faites par Préfontaine, que par ses réponses aux diverses questions qui lui ont été faites par cette administration que Préfontaine et la femme Duportal ont entretenu des correspondances avec Rohan Rochefort et la fille Rohan, il a été arrêté que Préfontaine, sera mis en arrestation, que les scellés seront apposés sur ses papiers par le comité de surveillance de Rochefort, lieu de son domicile, que copies du procès-verbal de son interrogatoire et du présent seront envoyées sur le champ au Comité de Salut public de la Convention et au citoyen Cras-

sous et qu'extrait du présent et des réponses de Préfontaine
en ce qui concerne la femme Duportal, sera adressé dans
l'instant au Comité de surveillance de la commune de Dourdan à l'effet par lui d'assurer l'exécution de la loi à son
égard.

Vu l'arrêté du citoyen Crassous, en date du 28 Prairial,
portant que Préfontaine et femme Duportal, seront traduits
au Tribunal Révolutionnaire, et que l'administration du
District, les adressera de suite à l'accusateur public avec
toutes les pièces relatives à l'affaire,

Vu l'inventaire des pièces relatives à cette affaire au
nombre de 9 non compris l'inventaire, le procès verbal de
l'interrogatoire de Préfontaine et expédition du présent,

Ouï l'Agent national,

L'administration arrête, que Préfontaine et femme Duportal,
seront, à la diligence de l'Agent National, conduits dans les
prisons de la Conciergerie à Paris, et que toutes les pièces
seront envoyées en même temps à l'accusateur public avec
invitation d'en accuser la réception.

Le 18 juin Binois [1], l'agent national du district de Dourdan donnait ses ordres au commandant de la gendarmerie
et expédiait les pièces à Fouquier-Tinville :

L'agent national près le District, requiert en exécution de
l'arrêté de Crassous du 28 de ce mois, et de celui pris par
l'administrateur le jour d'hier le citoyen Méchin commandant la gendarmerie nationale de S.-et-O. de conduire de
la maison des Récollets à Versailles, dans les prisons de la
Conciergerie à Paris, Sommereux Préfontaine, et la nommée
Duportal, prévenus d'avoir entretenu correspondance avec
Rohan et sa fille émigrée, et comme tels traduits au Tribu-

---

[1] Binois fut, sous l'Empire, conseiller de préfecture de Seine-et-Oise.

nal révolutionnaire, de donner au concierge des Récollets
décharge de la remise des prévenus et de justifier de leur
transport à la Conciergerie.

Dourdan, le 30 prairial, de l'an 2ᵉ de la République (18 juin 1794).

BINOIS.
A. N.

*L'Agent national, près le District à l'accusateur public,
près le tribunal révolutionnaire*

Dourdan, le 30 prairial, (18 juin).

« CITOYEN,

L'administrateur de ce district reçoit à l'instant une autorisation du citoyen Crassous, de faire transférer à la Conciergerie Préfontaine et la nommée Duportal ci-devant abbesse
de Louye, prévenus de correspondance avec Rohan et sa fille
émigrés. Je requiers à l'instant le commandant de la Gendarmerie à Versailles où ils sont détenus, de les transférer à
Paris. Je te fais passer ci-jointes les pièces qui pourront servir
à l'instruction, telles que les comptes de gestion de Préfontaine, et états de dépenses relatives à cette correspondance.
Un dossier contenant 3 pièces qui sont des reçus de Favier,
alors intendant de Rohan, te paraîtra étranger à cette affaire ;
l'administration a cru devoir te l'adresser afin que tu puisses
faire vérifier au département de Paris, si Favier a fait la
déclaration de ces sommes, ou s'il les a portées en recettes
dans le compte qu'il a dû rendre de sa gestion. Je t'invite
aussitôt que l'instruction sera terminée, à faire repasser à
l'administration, les comptes et pièces des dépenses qui
doivent servir à son apurement.

BINOIS.
A. N.

Le 8 messidor (26 juin) Fouquier Tinville dresse l'acte d'accusation et la comparution a lieu le lendemain devant le tribunal révolutionnaire qui eut communication des pièces suivantes :

Inventaire des pièces relatives au compte de Préfontaine qui ont été envoyées au tribunal révolutionnaire

1° Compte des recettes et dépenses par lui faites pour le dit émigré depuis le 1er janvier 1790, jusqu'au 31 Octobre 1792, inclusivement, compte contenant 32 feuillets, arrêté par le commissaire du District et le receveur de l'enregistrement de Rochefort ;

2° Un journal de recettes et de dépenses faites par Préfontaine pour le compte de l'émigré Rohan pendant 1792, intitulé coté 4e contenant 21 feuillets cotés et paraphés par 1er et dernier par un commissaire du district et arrêté par lui le 3 novembre 1792 ;

3° Une liasse intitulée chapitre Ier : Sommes remises à M. Favier, la dite liasse contenant 3 pièces, la 1re une quittance de la somme de 1000 l. payée à Favier, intendant de l'émigré par Préfontaine en date du 14 septembre 1791 ; la 2e une quittance de 1000 l. donnée par Favier à Préfontaine le 30 décembre 1791 ; la 3e une autre quittance de 10.000 l. donnée par Favier à Préfontaine le 13 janvier 1792, ces quittances paraphées par le commissaire du district et le receveur de l'enregistrement.

4° Une liasse composée de 4 pièces, qui sont la 1re un état des ports de lettres pour l'émigré Rohan pendant les années 1790, 1791 et 1792 ; la 2e une quittance de 47 l. 14 s. donnée par Moutier, directeur des postes de Rochefort, 1er août 1791 ; 3e et 4e les 2 états de ports de lettres payés pendant les mois de janvier, février et mars 1790.

L'acte d'accusation était ainsi conçu, en ce qui concernait Préfontaine :

Antoine Quentin Fouquier, accusateur public, expose que par arrêté des autorités constituées, Préfontaine a été constitué prisonnier et traduit au tribunal révolutionnaire, comme prévenu de manœuvres contre révolutionnaires ;

Qu'examen des pièces par l'accusateur public il en résulte que Préfontaine a entretenu des correspondances avec les ennemis de l'État, notamment avec Rohan à qui il fait passer des secours en argent, privant ainsi la nation d'un bien qui lui appartenait ;

D'après l'exposé ci-dessus l'accusateur public a dressé la présente accusation contre lui pour avoir conspiré contre le peuple, en pratiquant des manœuvres et propos contre révolutionnaires, tendant à la dissolution de la représentation nationale et au rétablissement de la Royauté ;

Pourquoi l'accusateur public requiert qu'il lui soit donné acte de son accusation, qu'il soit ordonné que le sus nommé sera écroué sur les registres de la maison d'arrêt de la Conciergerie.

Fait ce 8 messidor l'an II de la République (26 juin).

Signé : FOUQUIER.

Le tribunal révolutionnaire statuait aussitôt.

Le tribunal faisant droit sur le réquisitoire de l'accusateur public, lui donne acte de son accusation, ordonne que le sus nommé sera écroué sur les registres de la maison d'arrêt de la Conciergerie. Fait et jugé au tribunal le 8 messidor, par les citoyens juges qui ont signé ; immédiatement après, l'acte d'accusation était signifié par l'huissier, Monet qui libellait son exploit, ainsi :

Le 8 messidor à la requête de l'accusateur public qui a élu domicile en son cabinet au palais, j'ai huissier du tribunal soussigné notifié, laissé copie à Préfontaine détenu en la maison d'arrêt de la conciergerie, en parlant à sa personne entre les deux guichets comme lieu de liberté, de l'acte d'accusation et de l'ordonnance ci-devant transcrits, pourqu'il n'en ignore, et en vertu de la dite ordonnance, je l'ai écroué sur les registres d'arrêt de la Conciergerie, pour y rester comme en maison de justice et lui ai laissé cette copie.

MONET.

Au-dessous de l'original de l'acte de l'huissier, Préfontaine écrivit ce qui suit, cri de protestation resté sans écho, poussé par la victime :

« Citoyens, on surprend votre religion, vous prononceriez votre jugement sur la fausseté des rapports ; que vous dire ? que l'on se fait un plaisir de faire des coupables. »

Le 9 messidor, Préfontaine et Mᵐᵉ Duportal étaient condamnés à mort.

Les motifs du jury étaient les suivants :

Préfontaine, ex-régisseur pour le conspirateur Rohan et la nommée Duportal ex-abbesse, ont entretenu des correspondances avec l'émigré Rohan et sa fille et leur faisaient passer des secours pour les mettre en état de suivre leurs trames contre la Nation française. Les lettres de Préfontaine à la vérité n'existent plus, mais les états du compte rendu par Préfontaine et où il porte en dépenses les ports de ses lettres venues de l'étranger, et les aveux que Préfontaine a faits de cette correspondance, enfin les manœuvres par lui employées pour soustraire les biens de l'émigré Rohan à la loi du séquestre portent jusqu'à l'évidence la preuve de leurs trames liberticides,

En conséquence, la peine de mort fut prononcée et suivie d'une exécution immédiate.

MARIE LANGLOIS [1]

DE LÉVI-SAINT-NOM (CANTON DE CHEVREUSE)

9 mai 1793. — 1er juin 1794

Le nom de Marie Langlois a été mis en pleine lumière, par M. Wallon dans son histoire du tribunal révolutionnaire ; l'éloquent écrivain a placé sur le front de cette modeste domestique, l'auréole du martyre et retracé toutes les phases de son procès ; dans notre travail tout en faisant de larges emprunts à M. Wallon, nous publierons intégralement le procès, sans en omettre aucun détail, Marie Langlois appartenant à l'arrondissement de Rambouillet.

C'est le 9 mai 1793 que Marie, native de Faverolles, domestique chez Larondeau, fermier à Lévy-Saint-Nom fut dénoncée par le curé de Lévi, comme contre-révolutionnaire.

Ce même jour, le conseil municipal se réunissait et demandait la comparution immédiate devant lui de Mlle Langlois :

Aujourd'hui, 9 mai 1793, l'assemblée ayant été convoquée à l'effet de nommer des commissaires pour les impositions de cette commune, le citoyen Touchet, curé de Lévi, a dénoncé comme contre-révolutionnaire Marie Langlois, pour les propos que la nommée Marie Langlois, domestique chez le citoyen Larondeau, fermier du domaine, a tenus et tient tous les jours dans cette commune.

La demoiselle Marie a été sur-le-champ citée de paraître par devant les membres composant le conseil général de cette commune, à l'effet de s'expliquer sur la dénonciation portant

[1] Archives nationales, W, 384, dossier 894, M. WALLON, Tribunal révolutionnaire, t. III, pages 171 à 182.

que le jour de la Pentecôte il y auroit de grands événements
et qu'elle s'en réjouirait. Sur l'interpellation qui lui a été
faite, elle a répondu qu'elle étoit aristocrate et que les curés
nommés par le peuple n'étaient pas légitimes et que les
anciens rentreraient dans leurs postes ledit jour de la Pentecôte ; que ceux qui sont nommés par le peuple n'avoient
aucun pouvoir pour diriger les âmes ; et que le moment était
arrivé de la persécution ; qu'elle en était bien aise parce
qu'elle mourroit martyre plutôt que de renoncer ; que ce que
faisoit la Convention nationale n'étoit qu'un amusement, et
qu'elle ne connaissoit pas la loi des hommes.

Et son maître, le citoyen Larondeau, nous a déclaré que si
elle lui appartenoit, il lui couperoit la tête pour ses propos.

Le conseil général a décidé qu'elle serait mise sur-le-champ
en état d'arrestation et conduite au Comité de sûreté générale à Versailles, pour y être interrogée plus amplement, ce
qui pourroit servir à la découverte de quelque complot.

Le conseil autorise Quétin fils à conduire Marie Langlois
devant le comité de surveillance et de sûreté générale.

Le 21 mai, elle est interrogée à Versailles par Melon
Saurat, membre du Directoire du département de Seine-et-
Oise qui lui demande :

D. — Quels sont vos noms, surnoms, âge, profession,
demeure ?

R. — Marie Langlois, âgée de vingt-deux ans, demeurant
à la municipalité de Lévy. J'étois domestique à Lévy depuis
la Saint-Jean et suis native de Faverolle, paroisse de Ligne-
rolle, en Normandie, proche Dreux.

D. — Chez qui demeuriez-vous à Lévy ?

R. Chez M. Rondeau, fermier ; j'y étois domestique.

D. — Votre maître vous a-t-il donné des sujets de mécontentement ?

R. — Non.

D. — Vous parloit-il d'affaires publiques ?

R. — Non, jamais ; d'ailleurs il n'y connoissoit rien.

D. — Vous y connoissez-vous ?

R. — Non, je ne m'y connois pas. Je ne m'y connois que pour la religion.

D. — Votre maître vous parloit-il souvent de religion ?

R. — Non.

D. — Connoissez-vous le curé de Lévy ?

R. — Je le connois comme on peut connoître un prêtre quand on demeure dans la paroisse ; je n'ai jamais eu affaire à lui.

D. — Savez-vous s'il a prêté les serments prescrits par la loi ?

R. — Oui il les a prêtés.

D. — L'approuvez-vous de les avoir prêtés ?

R. — Non.

D. — Pourquoi le désapprouvez-vous ?

R. — Parceque celui qui a des pouvoirs pour le temporel n'en a pas pour le spirituel.

D. — Expliquez-vous ?

R. — J'explique que l'homme qui a le droit de faire des lois pour le temporel n'en a pas pour le spirituel.

D. — Vous improuvez donc la loi qui a prescrit le serment aux prêtres ?

R. — Oui.

D. — Qu'est-ce qui vous a si mal instruite ?

R. — C'est le Seigneur qui m'en a instruite ; je n'ai besoin de personne pour m'en instruire.

D. — Y a-il longtemps que le curé de Lévy est curé de la paroisse ?

R. — Je n'en sais rien ; je n'étais pas dans l'endroit.

Avant de demeurer à Lévy elle a été à Montfort l'Amaury. On lui demande si le prêtre était insermenté. Elle n'y a connu personne.

D. — Avez-vous confiance dans le curé de Lévy ?

R. — Non.

D. — Pourquoi ?

R. — Parce qu'il a prêté un serment.

D. — Qu'est-ce qui vous a dit qu'il ne falloit pas avoir confiance dans les prêtres assermentés?

Q. — Personne; ça m'est venu de la part de Dieu.

D. — Est-ce vous croyez en Dieu?

R. — Oui, j'y crois. Est-ce que nous ne sommes pas ses enfants? Si vous n'y croyez pas, en qui croyez-vous donc? Je crois aussi en la Vierge et en tous les saints du paradis.

D. — Avez-vous eu quelque querelle avec le curé de Lévy?

R. — Non.

D. — Vous croyez donc que les prêtres ont mal fait d'obéir à la loi en prêtant leur serment?

R. — S'ils ont mal fait c'est de la part de Dieu. Il faut que tout s'accomplisse sur la terre.

D. — Est-ce que vous n'êtes pas bonne citoyenne?

R. — Non, Monsieur.

Je le suis pour la religion et pour rendre service à tout le monde.

D. — Une bonne citoyenne obéit à la loi et approuve ceux qui y obéissent.

R. — Je fais de même, excepté en ce qui concerne la religion.

D. — N'avez-vous pas tenu des propos concernant la religion et les prêtres?

R. — Oui.

D. — N'avez-vous pas été citée à paroître à cette occasion au conseil de la Commune de Lévy?

R. — Oui.

D. Pourquoi avez-vous annoncé de grands événements pour le jour de la Pentecôte?

R. — Vous le voyez devant vos yeux, car il y a certainement une rude guerre.

D. — Aviez-vous connaissance que cette rude guerre devait avoir lieu?

R. — Elle aura lieu et elle finira bientôt.

D. — Qu'est-ce qui vous en a instruite?

R. — C'est de la part de Dieu.

D. — Dieu vous a-t-il parlé?

R. — Il est maître de cela. Mon âme est faite à son image et à sa ressemblance. Il est maître de mon âme et de mon corps.

D. — Dieu s'est-il servi des créatures humaines pour faire connaître sa volonté?

R. — Oui.

D. — De qui s'est il servi?

R. — Il se sert de ceux qui cherchent à connaître sa volonté?

D. — Comment nommez-vous ceux dont Dieu se sert pour vous faire connaître sa volonté?

R. — Ils s'appellent Marie-Jeanne Langlois, qui est moi-même.

D. — Vous croyez donc avoir de saintes aspirations?

R. — Oui.

D. — Avez-vous demeuré dans quelque couvent?

R. — Non, j'ai toujours été en service dans les fermes.

D. — Avez-vous servi des moines et des prêtres?

R. — Non.

D. — Qu'est-ce qui vous a donc instruite en matière de religion?

R. — Je n'ai jamais eu d'autres maîtres que ceux qui faisaient les petites écoles jusqu'à l'âge de treize ans que je suis partie pour aller en service, et je n'ai pas eu d'autre instruction en matière de religion que celles qui me sont venues de la part de Dieu.

D. — Pourquoi avez-vous dit devant la municipalité de Lévy que vous étiez aristocrate?

R. — J'ai dit que j'étais aristocrate pour la religion.

D. — Qu'entendez-vous par aristocrate?

R. — J'entends par aristocrate ce qui charge la conscience.

D. — Pourquoi avez-vous dit que les curés nommés par le peuple n'étoient pas légitimes?

R. — Parceque je pense que les prêtres qui ne sont pas nommés par l'évêque légitime n'ont aucun pouvoir sur les hommes.

D. — Vous n'avez donc pas de confiance dans les évêques nommés par le peuple ?

R. — Non.

D. — Vous ne croyez donc pas que le peuple ait le droit de faire les lois ?

R. — Celui qui n'a pas le pouvoir, il n'a pas le droit ; il a droit de se faire des lois pour le temporel.

D. — Obéirez-vous aux lois ?

R. — Tant qu'elles ne toucheront ni à la conscience ni à la religion.

D. — Approuvez-vous la loi rendue par le peuple contre le ci-devant roi ?

R. — Je ne connais rien à cela, je ne m'y entends pas.

D. — Vous croyez donc vous connaître en matière de religion ?

R. — Oui.

D. — Pourquoi avez-vous dit devant la municipalité de Lévy que les anciens curés rentreroient dans leurs cures le jour de la Pentecôte ?

R. — Je n'ai pas dit qu'ils y rentreroient le jour de la Pentecôte. J'ai seulement dit qu'ils y rentreroient quand la guerre seroit finie.

D. — Comment avez-vous pu savoir cela ?

R. — Je le sais de la part de Dieu.

D. — Pourquoi avez-vous dit que le moment de la persécution était arrivé ?

R. — Vous le voyez bien, parce que, n'ayant jamais fait de mal à personne et voulant soutenir ma foi et ma religion, on me persécute en m'amenant ici.

D. — Pourquoi avez-vous dit que vous en étiez bien aise ?

R. — Parce qu'il faut que le chrétien souffre pour être heureux.

D. — Pourquoi avez-vous dit que ce que faisait la Convention nationale n'était qu'un amusement?

R. — Parce que tout ce qui se fait ici-bas, hors le salut, n'est qu'un amusement et des jeux d'enfants.

D. — Savez-vous ce que fait la Convention?

R. — Non, je n'en sais rien; je ne lis pas les lois ni les journaux, parce que je n'en vois pas.

D. — Si vous ne lisez pas les lois, pourquoi dites-vous que ce que fait la Convention n'est que jeu d'enfants?

R. — C'est de la part de Dieu.

D. — Quelles sont vos sociétés ordinaires?

R. — Je n'en ai point.

D. — Savez-vous lire et écrire?

R. — Je sais lire et je [ne] sais guère écrire.

D. — Quels livres lisez-vous ordinairement?

R. — C'est une Pensée chrétienne, un cantique que j'ai sur moi et mon chapelet; je n'en ai pas d'autres.

D. — Adressez-vous des lettres et en recevez-vous?

R. — Non.

D. — Personne ne vous a écrit sur les affaires publiques?

R. — Non, personne.

D. — Quelque prêtre vous a-t-il fait espérer que vous obtiendriez la couronne du martyre?

R. — Non.

D. — Croyez-vous que ceux qui obéissent à la loi de leur pays sont ennemis de Dieu?

R. — Tout ce qui ne charge pas la conscience et ne regarde pas le spirituel, il n'y a pas de mal.

D. — Connoissez-vous quelques domestiques de prêtres, religieux ou religieuses, qui vous aient donné les principes dans lesquels vous paroissez être.

R. — Personne du tout, personne.

D. — Avez-vous des fonds en argent ou en assignats pour vous donner des secours?

R. — Je n'ai en tout que 40 francs que mon maître me doit.

D. — Êtes-vous dans l'intention de vous adresser à lui pour vous faire payer?

R. — Oui.

D. — N'avez-vous pas des parents à qui vous voudriez vous adresser?

R. — Non, car ils sont à treize lieues d'ici.

D. — Vous n'êtes donc pas dans l'intention de leur demander des secours?

R. — Non, on me donne ici de quoi me substanter.

D. — Êtes-vous seule dans la chambre où vous êtes?

R. — Non, nous sommes six femmes.

D. — Leur parlez-vous de religion?

R. — Je ne leur ai rien dit. Que voulez-vous que je leur dise? Chacun y est pour soi.

D. — Pourquoi ne leur en parlez-vous pas?

R. — Je leur dis seulement qu'il faut croire en Dieu. Que voulez-vous que je leur dise?

D. — Que vous répondent-elles?

R. — Je ne suis pas pour juger les autres. Je n'y ai point fait attention.

D. — Croyez-vous qu'elles pensent comme vous en matière de religion?

R. — Je ne connois pas leur cœur. Je ne suis pas leur juge.

D. — Pourquoi avez-vous tenu des propos en public en faveur des prêtres réfractaires?

R. — Oui, j'en ai tenu publiquement. C'est de la part de Dieu. Il faut que tout s'annonce.

D. — Ne l'avez-vous pas fait dans l'intention d'exciter des troubles?

R. — Non.

D. — Avez-vous entendu si on vous approuvait ou non?

R. — Je n'en ai pas vu qui m'approuvoient : il y en avoit qui rioient et qui se moquoient de moi.

D. — Vos réponses contiennent-elles vérité?

R. — Oui.

D. — Voulez-vous y changer, augmenter ou diminuer quelque chose?

R. — Non.

Signé : Marie Langlois, Sauvat (admin.),
Jenlaire (greffier),

Marie Langlois resta de longs mois en prison à Versailles ; le 26 germinal an II (15 avril 1794) l'administration du dé-partement prend un arrêté basé sur l'article 6, section 2 de la loi du 14 frimaire et envoie le dossier au district de Dour-dan.

Le district de Dourdan, dans une séance de la fin d'avril décide que toutes les pièces qui lui ont été expédiées par le département seront adressées au tribunal révolutionnaire.

Le 17 floréal (6 mai), les administrateurs du district font passer les pièces à Paris.

Le 1er prairial (20 mai) Marie Langlois qui a quitté la pri-son de Versailles pour la Conciergerie est interrogée par un juge du tribunal révolutionnaire.

D. — N'avez-vous pas tenu des propos inciviques? lui dit ce magistrat.

R. — Que non.

D. — Vous êtes cependant prévenue de vous être flattée d'être une aristocrate.

R. — Qu'elle étoit aristocrate pour suivre la religion ; qu'elle prétendait que les prêtres nommés par le peuple n'étaient pas légitimement nommés et qu'elle ne reconnaissoit pour de bons et véritables prêtres que ceux qui étoient avant la Révolution.

D. — Si elle a dit que ce que faisoit la Convention natio-nale n'était qu'un amusement et qu'elle ne connaissoit pas la loi des hommes ?

R. — Qu'elle l'a dit.

D. — Si elle a fait choix d'un défenseur ?

R. — Que non.

Le juge lui désigne comme défenseur Chauveau.

Marie Langlois comparut au tribunal le 24 prairial (1er juin) avec Chabault de Rambouillet.

Fouquier-Tinville résuma ainsi le rôle joué par la domestique de Lévy-Saint-Nom :

Marie-Jeanne Langlois, fille, domestique à Saint-Nom de Lévy, est une de ces femmes que l'erreur du fanatisme a portée à débiter dans plusieurs circonstances les maximes de la contre-révolution. Cette fille ayant été arrêtée pour avoir annoncé hautement que le jour de la Pentecôte il y aurait de grands événements et qu'elle s'en réjouirait; lors de l'interrogatoire qu'on lui fit subir dans la commune de Lévy, au lieu de reconnoître son erreur par ses différentes réponses aux interrogatoires qui lui furent faits, elle manifesta les sentiments les plus contre-révolutionnaires, notamment en disant qu'elle étoit aristocrate, que les curés nommés par le peuple n'étoient point légitimes, que les anciens rentreraient dans leurs postes ledit jour de la Pentecôte, que ceux qui étaient nommés de par le peuple n'avoient aucun pouvoir pour diriger les âmes. Elle a encore été jusqu'à dire que ce que faisait la Convention nationale n'était qu'un amusement et qu'elle ne connoissoit pas la loi des hommes.

Le 16 prairial, Thierry, huissier à Rambouillet, avait cité comme témoins Larondeau et Louis Touchet, ex-curé de Lévy qui, à son tour était détenu à la prison des Récollets à Versailles.

Marie Langlois fut condamnée à mort avec les mêmes motifs que Chabault de Rambouillet.

PIERRE CHABAULT DE RAMBOUILLET [1]

11 *janvier.* — 12 *juin* 1794

Le 24 prairial an 2 (12 juin 1794) un garde surnuméraire du domaine national de Rambouillet, fut condamné à mort par le tribunal révolutionnaire et exécuté à Paris.

Étant en état d'ivresse, il avait manqué de respect à la Nation et il mourait à 28 ans.

Pierre-Simon Chabault était né à Rambouillet le 29 octobre 1765 d'Antoine Chabault, garde-chasse chez le duc de Penthièvre et de Marie-Anne Lesteur, son épouse.

L'imprudence de langage qui lui était reprochée et constituait un crime dans ces temps troublés avait été commise par lui, le 22 nivôse an 2 (11 janvier 1794) dans un cabaret de Groussay, faubourg de Rambouillet.

Ce même jour, le gendarme Vauthier qui avait été témoin du fait criminel, se présentait devant le conseil général permanent de la commune de Rambouillet présidé par Dufour, maire [2], et racontait ainsi ce qui s'était passé sous ses yeux :

Séance publique du 22 *Nivôse an* 2 (11 *janvier* 1794)

Le citoyen Humbert Joseph Vautier, l'un des gendarmes en station en cette commune demande la parole.

Il dit que passant par Groussay, faubourg de cette commune, il a entendu un particulier, sortant de la maison du C^{en} Jean Renoult, cabaretier, qui a crié : *M.... pour la*

---

[1] *Archives nationales*, W. 384, n° 893.

[2] Dufour, Pierre-Denis, né à Paris, procureur à Rambouillet avant la Révolution, puis défenseur officieux, lors de la suppression des procureurs, âgé de 35 ans, disparut de Rambouillet vers 1796 ; maire de Rambouillet du 11 décembre 1792 au 9 mars 1793.

Nation ; que deux autres citoyens ici présents qui lui ont paru sortir du même cabaret, au même instant et qui avaient l'air de se disputer avec ce même particulier ont entendu le même propos, que ces deux citoyens et lui se sont à l'instant emparé dudit particulier et l'ont amené à la Municipalité, pour par elle statuer ce qu'il appartiendra.

Les deux particuliers présents ont déclaré se nommer l'un Toussaint Dupuis, maçon et maire de la commune de Marat-les-Bois, ci-devant Saint-Léger.

L'autre Louis-Alexandre-Eugène Pillière, menuisier et officier municipal de la même commune et avoir entendu le même propos.

Un Membre demande qu'en cas de besoin, l'état d'ivresse où se trouve ce particulier arrêté, reconnu pour être le nommé Chabault jeune garde surnuméraire des Bois du domaine national de Rambouillet, dans le canton de la Villeneuve, soit constaté ainsi que celui où se trouve le C^en Dupuis.

L'Assemblée consultée, l'agent national entendu, après avoir reconnu l'abrutissement où est Chabot, par suite d'une ivresse excessive dans laquelle il est, ainsi que l'état d'ébriété un peu moins forte de Dupuis, considérant que le délit dont ledit Chabault est inculpé est plus grave que ceux dont la connaissance est attribuée à la police municipale,

Arrête que le dit Chabot, sera à l'instant conduit par le gendarme, accompagné des témoins devant le Juge de paix de cette commune pour par lui statuer ce qu'il appartiendra.

Signé : Dufour
Maclar, *Secrétaire-greffier* [1]

Le maire délivrait un extrait de la séance du 11 janvier ainsi conçu qui permettait au juge de paix d'instruire le cas de Chabault :

---

[1] Maclar, Jacques Noël, ancien procureur à Rambouillet devenu homme de loi, à la suppression des procureurs, âgé de 35 ans, né à Paris.

Séance publique du 22 nivôse de l'an 2.

Il appert d'une dénonciation faite au Conseil général par le C^{en} Humbert Vautier gendarme contre un particulier, nommé Chabot Jeune, garde surnuméraire, amené par Humbert Vautier que le dit quidam est accusé après une dispute d'avoir crié : « M.... *pour la Nation !* ».

L'assemblée consultée, l'agent national entendu, a arrêté qu'il serait à l'instant conduit devant le juge de paix de la commune pour par lui faire droit tel qu'il avisera.

Le juge de paix Laurent Maillet [1] interrogeait dès le lendemain Chabault :

Procès-verbal de la déclaration d'un témoin qui s'est présenté sans citation et interrogatoire de Chabault.

23 Nivôse an 2 (12 janvier).

Ce jourd'hui midi 23 nivôse 10 heures du matin en ma demeure et devant moi Maillet juge de paix et officier de police et de sûreté de Rambouillet, assisté des citoyens Mathurin Tessier [2] et Étienne Moreau père mes assesseurs et de Jean Pierre Théodore [3] Champeaux mon greffier ordinaire, a été amené par le citoyen Girault, gardien de la maison d'arrêt Chabault, garde surnuméraire des bois du domaine national de Rambouillet provisoirement détenu en la maison d'arrêt, comme prévenu d'avoir, après une dispute tenu des

---

[1] Maillet, Jean Laurent, né à Altroff, (Moselle) âgé de 50 ans, ancien maître de pension à Rambouillet, devint sous l'Empire juge au tribunal de Rambouillet.

[2] Tessier, 72 ans, né à Saint-Symphorien près Gallardon, ancien cultivateur rentier.

[3] Champeaux, Jean Théodore, 28 ans, ancien praticien né à Saint-Léger.

propos injurieux contre la nation en criant « *M.... pour la Nation.* » En présence duquel, Humbert Joseph Vautier, gendarme national du détachement qui est en station dans la commune a été par moi entendu ainsi qu'il suit :

Le citoyen Vautier dit qu'hier vers 7 heures du soir, étant entré chez le C^en Jean Renou, cabaretier à Groussay en cette commune avec Piron dit la Fleur, son camarade, pour y boire une bouteille de vin, il a aperçu dans le cabaret deux citoyens qu'il reconnut pour être de la commune de Saint-Léger, qu'il sait être l'un, maire de la commune et l'autre officier municipal, que le premier se nomme Toussaint Dupuis et l'autre Pillière dit Champagne qui disputaient avec Chabault qu'ils parvinrent à jeter hors du cabaret, qu'il entendit Chabault appeler les citoyens susnommés, gredins et scélérats et dire ensuite « *M.... pour la Nation* », qu'à ces mots lui qui dépose, se sentant indigné sortit et s'empara de la personne de Chabault et à l'aide de Dupuis et Pillière, il conduisit Chabault à la Maison Commune où étaient assemblés les citoyens Maire, Officiers municipaux et Membres du Conseil de la commune auxquels il exposa la conduite que venait de tenir Chabault, et lesquels après avoir délibéré ont ordonné à lui déposant de conduire devant moi, Chabault, ce qu'il a fait, sur les 8 heures du soir; observe le déposant que Chabault était ivre et qu'il avait de la peine à se soutenir, — observe également le déposant sur la demande à lui faite par moi de l'avis de mes assesseurs de la situation où étaient lesdits citoyens Dupuis et Pillière — que Dupuis et Pillière étaient également ivres mais non point au même degré que l'était Chabault ; est tout ce qu'il a dit savoir et lecture à lui faite de sa présente déposition a dit icelle contenir vérité, y a persisté et persiste et a signé.

Ce fait, j'ai procédé à l'interrogatoire de Chabault en présence de mes assesseurs ainsi qu'il suit :

Interrogé de ses noms, surnoms, âge, qualités et demeure.

A dit se nommer Pierre Chabault, être âgé de 26 ans, qu'il est garçon et garde surnuméraire des bois du domaine national de Rambouillet, qu'il demeure à la Villeneuve en cette commune.

A lui demandé où il s'est trouvé hier vers les 6 à 7 heures du soir.

A répondu qu'il était à boire chez Jean Renou, cabaretier à Groussay, avec Pillière dit Champagne de Saint-Léger, avec lequel il se souvient bien d'avoir eu dispute pour une bouteille de vin.

D. — Pillière dit Champagne était-il le seul avec lequel il buvait ?

R. — Dupuis, maire de Saint-Léger, buvait également avec eux.

D. — S'est-il aussi disputé avec Dupuis ?

R. — Ne s'en point souvenir.

D. — N'a-t-il point injurié Pillière et Dupuis ?

R. — Ne point se souvenir s'il leur a dit des injures, qu'il se souvient seulement qu'il a dîné avec eux chez le C^en Barbary aubergiste et que pendant le dîner, il avait déjà eu avec eux une espèce de dispute, mais qu'il ignore absolument ce qui s'est passé chez Renou.

D. — Est-il vrai qu'il ait proféré des injures contre la nation lorsqu'il fut mis hors du cabaret de Jean Renou en criant : *M.... pour la Nation.*

A répondu qu'il persiste à dire qu'il ne se souvient pas trop de ce qu'il a pu dire ou faire dans ce moment, vu qu'il était dans un tel état d'ivresse qu'il ne pouvait se soutenir qu'à peine, et quant aux mots injurieux qu'on lui impute, d'avoir proféré contre la nation, il ne peut pas penser qu'il les ait proférés n'ayant jamais eu de tels sentiments.

D. — Que faisait-il avant d'être garde surnuméraire ?

A répondu que depuis 10 ans, il est garde surnuméraire, qu'il demeure à la Villeneuve depuis 7 mois, qu'auparavant il demeurait dans la commune de Saint Léger avec sa mère, où il exerçait pareillement la place de garde surnuméraire.

A lui demandé s'il est inscrit sur le rôle des gardes nationales de cette commune, s'il en fait le service.

A répondu qu'il a prié le cit. Chabault, son cousin cultivateur à la Villeneuve, lieutenant de la compagnie de Vieille-Église, de le faire inscrire sur le rôle de la Garde nationale de cette commune, qu'il ne fait point de service parce que cette compagnie n'en fait point elle-même.

A lui demandé s'il n'a jamais été repris de justice.

R. — Non.

Et lecture à lui faite du présent interrogatoire a dit ses réponses contenir vérité, y a persisté et persiste et a signé.

Ce fait, la personne dudit Chabault a été remise aux mains de Girault, qui s'en est chargé et a promis le présenter toutes et quantes fois qu'il en sera requis.

Aussitôt avec l'agrément de Tessier et Moreau ses assesseurs, le juge donne pouvoir au citoyen Thierry jeune, huissier, de citer à comparaître par devant lui sextidi 26 nivôse (15 janvier) 10 heures du matin le citoyen Piron dit Lafleur, Toussaint Dupuis maire, Pillière, dit Champagne, officier municipal de la commune de Marat-les-Bois, pour faire leurs déclarations sur les faits et circonstances contenus au procès-verbal de Vautier.

En vertu de cette autorisation Thierry jeune [1] assigne le 25 nivôse (14 janvier) Piron dit Lafleur, Pillière dit Champagne et Dupuis à comparaître le 26 nivôse (15 janvier) devant le juge de paix en sa demeure, rue Troussevache (aujourd'hui rue Lachau) et ce jour-là à 10 heures du matin, le juge reçoit les déclarations des témoins :

[1] Thierry, Jean-Baptiste Martin, âgé de 40 ans, né à Saulmory district de Montmédy, ancien huissier au bailliage, frère du notaire du même nom.

Toussaint Dupuis, âgé de 34 ans passés, maçon et maire de la commune de Marat-des-Bois, après serment, a déclaré que le 22 du présent, il est entré avec Pillière dit Champagne et Deschamps tailleur à Groussay, vers les 6 heures du soir, chez Renou, pour y boire une bouteille de vin et qu'en y entrant, il a vu dans la maison, Chabault, qui avait son habit bas et qui avait l'air de vouloir faire des armes avec un gendarme inconnu à lui qui dépose, que Chabault après assez de badinage, se mit à dire des sottises à la femme de Renou, pourquoi lui qui dépose s'est fâché contre Chabault, et lui a demandé de sortir dans la cour, qu'ils y sortirent effectivement, lui et Chabault, qu'alors Pillière étant aussi sorti dans la cour dit à celui qui dépose qu'il ne voulait pas qu'il le frappât, qu'il dit alors à Pillière ces mots « puisque tu ne veux pas que je le frappe, je vais le mettre à la porte » que là-dessus Pillière lui répondit : ce ne sera pas toi qui l'y mettras, mais ce sera bien moi, et que Pillière mit alors Chabault hors du cabaret, sur le pavé ; qu'alors Chabault cria « M.... *pour la Nation* » et qu'il répéta une seconde fois ces mêmes propos, dit qu'il ne sait point que Chabault les ait traités Pillière et lui, de gueux et de gredins, dit aussi que Chabault avait bien bu; observe aussi que lui-même et Pillière avaient bien bu aussi; est tout ce qu'il a dit savoir etc. et a signé.

Le C. Louis-Alexandre-Eugène Pillière dit Champagne, âgé de vingt-huit ans passés, menuisier et Officier Municipal de Marat-les-Bois après serment a déclaré que le 22 sur les 6 heures il est entré avec Dupuis et Deschamps, chez Renou, pour y boire une bouteille de vin, qu'en y entrant il a vu Chabault, qui avait les reins nus et voulait faire des armes avec un gendarme à lui inconnu; qu'il fit remettre l'habit à Chabault, mais que Chabault, se déshabilla plusieurs fois et voulut toujours continuer son badinage que l'ayant enfin laissé, Chabault se mit à dire des sottises à la femme de Renou et à une autre femme qu'il croit être la mère de Renou, que Dupuis prit alors de l'humeur et qu'il sauta par dessus la table et voulut mettre Chabault hors du cabaret, que Chabault et Dupuis sortirent un instant après dans la cour, que lui qui déclare les y suivit, ce que voyant qu'ils se disposaient à se battre, il les engagea à n'en rien faire, en leur disant qu'il n'était pas beau de se battre pour des Républicains, qu'il les sépara l'un et l'autre et que pour finir la querelle il crut devoir mettre Chabault hors du caba- ret, qu'il le mit effectivement sur le pavé de la grande route et qu'alors il l'entendit crier à plusieurs reprises : *M.... pour la Nation ;* observe le déposant que Chabault était très ivre, que Dupuis l'était pareillement et que lui-même avait aussi une légère pointe d'ivresse, etc.

Audition de Piron

Jacques Piron dit la Fleur, gendarme national du détache- ment en station à Rambouillet, âgé de 25 ans, après serment a déclaré que le décadi 22 vers les 6 heures il entra dans un cabaret au hameau de Groussay avec Vautier son camarade pour y boire une bouteille de vin, qu'il ignore le nom du cabaretier parce qu'il n'est arrivé en cette commune que depuis 5 à 6 jours, qu'en entrant dans le cabaret, il vit plusieurs personnes à lui inconnues qui se disputaient et que l'une de ces personnes qu'il reconnaît pour être Chabault avait l'air de vouloir se déshabiller pour plaisanter, mais à ce qu'il croit sans savoir ce qu'il faisait tant il était ivre, que deux des autres personnes qui étaient dans le cabaret et qu'il reconnaît pour être les deux témoins qui viennent de déposer avant lui paraissaient également ivres, que ces personnes étant parvenues à jeter Chabault hors du cabaret, il entendit alors celui-ci crier : *M.... pour la Nation !* mais qu'il ne l'entendit crier qu'une seule fois, etc.

Ce fait, Chabault a été remis entre les mains de Girault qui s'en est chargé et a promis le représenter quand et à qui il appartiendra.

Et de suite le tribunal délibérant et considérant que d'après les dépositions des témoins, Pierre Chabault, est convaincu d'avoir tenu des propos injurieux pour la Nation; considérant aussi que ces propos doivent être sévèrement punis arrête de renvoyer Chabaut par devant le Directeur du jury d'accusation du tribunal du district de Dourdan et qu'à cet effet il sera décerné un nouveau mandat d'arrêt contre lui et ordonne au citoyen Champaux greffier, de remettre dans les 24 heures au greffe du tribunal de district toutes les pièces de la procédure concernant Chabault.

Cet interrogatoire est suivi d'un mandat d'arrêt, le même jour à midi.

De par la Loi,

Maillet juge de paix, mande et ordonne à tous exécuteurs de Mandements de justice d'écrouer définitivement en la maison d'arrêt Pierre Chabault, déjà détenu en ladite maison d'arrêt, prévenu d'avoir tenu des propos injurieux contre la Nation française.

Mande au gardien de ladite maison d'arrêt de le retenir, le tout en se conformant à la loi.

A Rambouillet, le sextidi 26 nivôse (15 janvier 1794) heure de midi.

MAILLET.

A midi et demi Thierry exécute le mandat :

L'an II, le 26 nivôse, midi et demi en vertu du mandat d'écrou définitif délivré ce jourd'hui, par le juge de paix, Thierry jeune, soussigné, me suis transporté en la maison d'arrêt, où étant j'ai notifié, donné et laissé copie du mandat à Pierre Chabault, garde surnuméraire des bois du domaine national de Rambouillet, provisoirement détenu en la maison d'arrêt, en parlant à sa personne mandée entre deux guichets.

À ce que du contenu audit mandat Chabaut n'ignore et de suite j'ai écroué définitivement Chabaut, sur le registre de la maison d'arrêt et l'ai laissé en la garde de Jacques Girault, gardien de la maison qui s'en est chargé pour le représenter quand et à qui il appartiendra et m'en a donné une reconnaissance extraite de son registre, sur lequel il a en ma présence, transcrit le mandat, dont et de tout ce que dessus, j'ai fait et dressé le présent procès-verbal, pour servir et valoir ce que de raison.

À Rambouillet les jours et an que dessus.

THIERRY, jeune.

Le lendemain 27 nivôse (16 janvier) Jean-Louis Cochon [1], juge au tribunal du district, directeur du jury d'accusation, étant en la chambre criminelle fait amener par le concierge Girault, l'inculpé qu'il interroge ainsi :

D. — Noms, surnoms, âge, qualité, demeure, lieu de sa naissance, et s'il est garçon ou marié?

R. — Je me nomme Pierre Chabault, je suis âgé de 26 ans, garçon, etc., natif de Rambouillet.

D. — Comment et avec qui avez-vous passé la journée du 22 du présent mois?

R. — Je suis arrivé en ce lieu environ une heure de l'après-midi, j'y ai rencontré Toussaint Dupuis, maire, et Pillière, dit Champagne, officier municipal de la commune de Marat-les-Bois, auxquels j'ai demandé des notes dont j'avais besoin, ils ont répondu qu'ils allaient me les donner, nous

1 Jean Louis Cochon, âgé de 71 ans, avant la Révolution, juge à Marville et de plusieurs autres juridictions, élu juge à Rambouillet, lors de la création du tribunal en 1790.

sommes entrés de suite dans le cabaret de Barbary où nous avons dîné ensemble.

D. — Avez-vous été longtems à votre dîner?

R. — Il était la fin du jour quand nous en sommes sortis, après avoir bien bu.

D. — Vous êtes-vous séparés dès ce temps-là?

R. — Non, nous sommes allés ensuite chez Renou, cabaretier à Groussay, de cette commune.

D. — Qu'avez-vous fait chez Renou?

R. — Je l'ignore, j'étais si ivre que je ne m'en souviens pas, je ne sais même si j'y ai bu et si on m'a fait payer quelque chose.

D. — Étant chez Renou, n'avez-vous pas voulu faire des armes avec un gendarme qui y était?

R. — Je ne m'en souviens nullement.

D. — Vous avez cependant pris querelle avec Dupuis, et vous êtes sortis tous deux dans la cour de Renou dans le dessein de vous battre, ce qui serait arrivé si Pillière, dit Champagne, ne fût venu vous joindre et vous séparer?

R. — Je ne me souviens pas de cela, l'état d'ivresse dans lequel j'étais ne me permet pas de me le rappeler.

D. — Après que Pillière vous eût séparés, ne vous a-t-il pas mis dehors du cabaret de Renou et dans la rue, où, là étant, vous vous êtes fâché, avez proféré des injures en criant : *M.... pour la Nation?*

R. — Je ne m'en souviens point, j'ignore si on m'a mis dehors du cabaret ou si j'ai sorti de moi-même.

D. — A quel propos avez-vous injurié la Nation?

R. — Je ne sais pas si j'ai proféré aucune injure contre la Nation, ce n'était, ce ne pouvait être mon intention, puisque j'ai obligation à la Nation du traitement qu'elle m'accorde, et dont je lui suis reconnaissant.

D. — Avez-vous fait des actes de civisme et chérissez-vous la Révolution?

R. — Je suis tellement attaché à la Révolution que j'ai

toujours satisfait à tout ce qui pouvait tendre à la soutenir, et quoique je ne sois pas riche, lors de la première levée des volontaires, j'ai donné la somme de 40 livres, et pour la seconde, 15 livres, c'était pour en avoir des certificats de Dupuis que nous avons ledit jour 22 de ce mois, été dîner chez Barbary.

D. — Avez-vous été quelques fois repris de justice?

R. — Non, jamais.

Le 27 janvier, jugement du tribunal du district qui décide qu'il y a lieu d'en référer à l'accusateur public près le tribunal révolutionnaire; le 28, Cochon demande des instructions à Fouquier-Tinville, qui ne répond pas. En présence de ce silence, le juge Cochon réunit le tribunal, le 5 ventôse (23 février); comme Fouquier-Tinville n'a pas donné au tribunal la marche qu'il convenait de suivre dans l'affaire Chabault, les juges de Rambouillet cherchent à se débarrasser de cette triste affaire, ils se déclarent incompétents et renvoient Chabault à la municipalité.

Extrait du registre du Jury d'accusation du Tribunal du District de Dourdan

Aujourd'hui 5 ventôse (23 février 1794) l'an 2 républicain après midy. Le Tribunal assemblé en la Chambre du Conseil sur la convocation du citoyen Cochon;

Ouï, le citoyen Cochon en son exposé, ensemble le Commissaire national et vu la loi du 18 nivôse, le Tribunal considérant que par l'article 1er de ladite loi, les municipalités ont été spécialement chargées concurremment avec les Comités de surveillance ou révolutionnaire, des fonctions de la Police de Sûreté Générale, pour la recherche des crimes attentatoires à la liberté, à l'égalité, à l'unité et indivisibilité de la République, à la Sûreté intérieure et extérieure de l'État ainsi que des complots tendant à rétablir la Royauté ou à établir toute autre autorité contraire à la Souveraineté du peuple ;

Considérant qu'aux termes de la même loi, les municipalités et comités de surveillance, doivent faire passer les pièces, procès-verbaux et interrogatoires aux Directeurs de Districts qui eux-mêmes doivent les faire passer à l'accusateur public du tribunal révolutionnaire s'il y a lieu ou à l'accusateur public du tribunal criminel du Département ;

Considérant enfin que le délit dont est prévenu Chabault ne peut d'après cette loi être présenté au jury d'accusation, et que c'est la Municipalité de cette commune qui en a saisi l'officier de police qui l'a traduit devant le Directeur du Juré.

Renvoie Chabault par devant la Municipalité de cette Commune, pour par elle statuer sur le délit à lui imputé, ce qu'il appartiendra ; en conséquence autorise le greffier de ce tribunal à remettre au Secrétariat de la Municipalité les pièces de la procédure instruite contre Chabault, ainsi que l'expédition du présent, qui sera exécuté suivant la loi.

Fait et jugé les jour, an et lieu susdits, séans les Citoyens :

BRIÈRE[1], *président;* COCHON, *Directeur du Juré d'accusation;* LETELLIER[2], *juge,* et Jacques THIERRY[3], *suppléant*[4] ;

Pour expédition conforme :

CUGNOT, *greffier.*

---

[1] Brière, François Nicolas âgé de 47 ans, juge et notaire à Baville, près Saint-Chéron, avant la Révolution, devint conseiller à la cour de Paris sous l'Empire. *Histoire de saint Chéron*, par M. VIAN, t. II, p. 182 et suivantes.

[2] Letellier avait succédé à Brière, comme notaire.

[3] Jacques Thierry, ancien procureur, ancien maire devenu notaire à Rambouillet lors de la création des notaires publics, 47 ans, né à Saulmory ; il avait pour beau-frère M. Poupinel, fabricant de couvertures.

[4] Cugnot Mathieu, 34 ans, né à Beaumont, district de Sedan, commis notaire et greffier du bailliage avant la Révolution, depuis, notaire à Rambouillet (étude Walch).

Le conseil général de la commune se réunit le lendemain 24 février et prend connaissance du jugement rendu la veille :

Un Membre observe que le Conseil général, peut statuer sur cette procédure, qu'aux termes de la loi relative à la police de sûreté générale, en date du 18 Nivôse et des formules y annexées, il paraît que la connaissance des délits exprimés en l'article 1er de la dite loi, n'appartient qu'aux Municipalités où aux Comités de surveillance seulement.

Un autre membre observe que si la Municipalité doit seule connaître de ces délits, elle ne doit point délibérer publiquement.

L'Assemblée consultée, ouï l'agent national, il est arrêté que demain 7 ventôse dix heures du matin, la Municipalité s'assemblera extraordinairement et statuera ce qu'il appartiendra sur le renvoi.

La municipalité se déclare également incompétente et renvoie le dossier au Directoire du District à Dourdan dans sa séance du 25 février.

EXTRAIT DES REGISTRES DES DÉLIBÉRATIONS DE LA MUNICIPALITÉ DE RAMBOUILLET

Séance extraordinaire du 7 ventôse, 10 heures du matin, où étaient seulement assemblés les Maire, Officiers municipaux et l'Agent national.

Le maire après avoir déclaré la séance ouverte fait lecture de toutes les pièces d'instruction de la procédure tenue tant devant le juge de paix de cette commune, que par devant le directeur du juré du Tribunal contre le citoyen Chabault, après laquelle, et la lecture de la loi du 18 nivôse, contenant des modifications à la loi du 11 août 1792, relative à la police de sûreté générale ;

La municipalité considérant que l'instruction prescrite par cette loi, a été faite tant par le juge de paix que par le directeur du Juré, jusqu'au point où elle prescrit qu'elle soit faite en pareil cas par les Municipalités ou Comité de surveillance, c'est-à-dire les Mandats d'arrêt s'il y a lieu ;

Arrête qu'aux termes de l'article 4 de la loi précitée toutes les pièces relatives à cette affaire remise à la municipalité ensemble expédition du présent et autres arrêtés y relatifs seront envoyés par un exprès, dans le jour, au directoire du District qui sera invité d'en donner récépissé.

Le district reçoit les pièces, les examine dans sa séance du 21 ventôse (11 mars 1794) et prend la délibération suivante :

EXTRAIT DU REGISTRE DES DÉLIBÉRATIONS DU DISTRICT DE DOURDAN

Séance du 21 ventôse de l'an 2 de la République
(11 mars 1794)

Vu les pièces relatives au procès criminel commencé d'abord au tribunal de police et de sûreté du canton de Rambouillet, ensuite au Tribunal du district de Dourdan séant à Rambouillet, contre Chabault, prévenu d'avoir à la suite d'une orgie, crié : *M... pour la nation*,

Vu notamment le jugement rendu par le tribunal de police du canton de Rambouillet le 23 nivôse, par lequel le tribunal considérant, que d'après les dépositions des témoins, Chabault est convaincu d'avoir tenu des propos injurieux pour la Nation, et que ces propos doivent être sévèrement punis, arrête de renvoyer Chabault, par devant le jury d'accusation du tribunal du district de Dourdan,

Vu le jugement rendu par le tribunal du district de Dourdan, en date du 8 ventôse par lequel considérant que par l'article 1er de la loi du 18 nivôse dernier, les municipalités sont spécialement chargées, concurremment avec les Comités de surveillance ou révolutionnaires des fonctions de la police de sûreté générale pour la recherche des crimes attentatoires à la Liberté, à l'Egalité, à l'unité et indivisibilité de la République, à la sûreté intérieure et extérieure de l'Etat, ainsi que des complots tendant à rétablir la Royauté ou à établir toute autre autorité contraire à la Souveraineté du peuple,

Qu'aux termes de la même loi les Municipalités et Comités de surveillance doivent faire passer les pièces, procès-verbaux ou interrogatoires aux Directeurs du District qui eux-mêmes doivent les faire passer à l'accusateur public du Tribunal révolutionnaire, s'il y a lieu, ou à l'accusateur public criminel du département,

Enfin que le délit dont est prévenu Chabault ne peut d'après cette loi être présenté au Jury d'accusation et que c'est la municipalité de la commune qui en a saisi l'officier de police qui a traduit devant le directeur du Juré, renvoyé Chabault, par devant la municipalité de la commune de Rambouillet, pour par elle statuer sur le délit à lui imputé ce qu'il appartiendra ;

Vu la délibération de la municipalité de Rambouillet en date du 7 ventôse, par laquelle considérant que l'instruction prescrite par la loi du 18 nivôse (déjà citée) a été faite tant par le juge de paix que par le directeur du Juré jusqu'au point où elle prescrit qu'elle soit faite en pareil cas par les Municipalités ou Comités de surveillance, c'est-à-dire les mandats d'arrêts s'il y a lieu, arrête qu'aux termes de la loi art. 4. de la loi précitée, toutes les pièces relatives à cette affaire remise à la Municipalité, ensemble expédition du présent et autres arrêtés y relatifs seront envoyés par un exprès dans le jour au directoire du District,

Vu les articles 4 et 5 de la loi du 18 nivôse portant que dans le cas de mandat d'arrêt décerné, la Municipalité ou le Comité de surveillance fera passer dans les 24 heures au

Directoire du District les pièces, procès-verbaux ou interrogatoires qui auraient déterminé le mandat, et que dans les 24 heures suivantes, le directoire du District fera passer le tout à l'accusateur public du Tribunal révolutionnaire s'il s'agit de crimes dont la connaissance exclusive appartient à ce tribunal ou à l'accusateur public du Tribunal criminel du département,

Ouï l'Agent national,

Le Directoire considérant que les propos injurieux tenus contre la Nation par ledit Chabault peuvent être regardés comme un attentat contre la Liberté, et que la connaissance de ce délit est exclusivement attribuée au Tribunal révolutionnaire, arrête que les pièces, procès-verbaux et interrogatoires qui lui ont été transmis par la municipalité de Rambouillet seront à la diligence de l'Agent national avec une expédition du présent envoyés à l'accusateur public près le Tribunal Révolutionnaire.

Signé : Savouré, Pillet.

En conformité de cette délibération l'agent national du district de Dourdan, adresse, le 8 germinal (9 mars 1794), le dossier à l'accusateur public près le tribunal révolutionnaire à qui il écrit :

Dourdan, ce 8 germinal (28 mars) (2ᵉ année).

« Citoyen,

« Je te fais passer ci-joint un arrêté pris par l'administration de ce district le 19 ventôse dernier qui te fait le renvoi des pièces de l'instruction tenue par le tribunal de police du canton de Rambouillet et par celui de ce district contre le nommé Chabault, prévenu d'avoir à la suite d'une orgie tenu des discours tendant à avilir la Souveraineté du peuple. »

L'agent national près le district de Dourdan,
Binois.

Chabault reste dans la prison de Rambouillet jusqu'au 10 avril; Fouquier-Tinville l'ayant réclamé, l'agent national donne l'ordre au commandant de gendarmerie de le faire conduire à Paris :

L'agent national près le district de Dourdan, requiert en conformité de la demande du citoyen Fouquier, accusateur public près le Tribunal révolutionnaire, le citoyen De Lahaye, commandant la gendarmerie de faire conduire des prisons de Rambouillet en celle du Tribunal révolutionnaire à Paris, Pierre Chabault, garde surnuméraire des bois nationaux prévenu de propos contre-révolutionnaires.

Dourdan, ce 21 germinal an 2 de la République.

BINOIS.

Le 28 germinal (17 avril) à la Conciergerie, Chabault est interrogé par un juge du tribunal révolutionnaire, Charles Harny :

Aujourd'hui, 28 germinal de l'an 2 de la R. F. U. et I., 11 heures du matin, Nous Charles Harny l'un des juges du Tribunal révolutionnaire, établi à Paris par la loi du 10 mars 1793, sans aucun recours au Tribunal de cassation, et encore en vertu des pouvoirs délégués au tribunal par la loi du 5 avril de la même année, assisté de Charles-Antoine Depille, commis greffier du Tribunal, en l'une des salles de l'auditoire au Palais, et en présence de l'accusateur public, avons fait amener de la maison de la Conciergerie le ci-dessous nommé, auquel avons demandé ses noms, âge, profession, pays et demeure.

A répondu se nommer Pierre Chabault, âgé de 26 ans, garde de la nation, natif de Rambouillet et y demeurant.

D. — Le 22 nivôse dernier, après avoir bu et mangé avec plusieurs personnes, ne leur avez-vous pas dit des injures à

elles-mêmes en les traitant de gredins et de scélérats, et
n'avez-vous pas crié : M... à la Nation?

R. — Je n'ay aucune connaissance d'avoir insulté qui que
ce soit et d'avoir crié : M... à la Nation, je sais seulement
que j'ay dîné chez Barbary à Rambouillet, avec Dupuy, maire
et Champagne officier municipal, mais je ne me rappelle en
aucune manière ce qui s'est passé après le diner, où j'ai bu
au point que j'en suis sorti ivre.

D. — Avez-vous un défenseur officieux.

R. — Non.

Nous lui avons choisi le citoyen Boutron pour défenseur.
Lecture à lui faite de son interrogatoire dit iceluy contenir
vérité et a signé avec nous et le commis greffier.

Ont signé : CHABAULT, HARNY, DEPILLE.

Le 3 juin, à la requête de l'accusateur public, Jean-Bap-
tiste-Martin Thierry citait comme témoins dans l'affaire
Chabault pour l'audience du tribunal révolutionnaire du
24 prairial (12 juin) Pillière dit Champagne, Toussaint Dupuis et le gendarme Vauthier; ce dernier n'était plus à Rambouillet, il était à l'armée de la Vendée, appartenait à la
compagnie Martin et on le croyait en détachement à Nantes.

Chabault comparaissait à l'audience du 12 juin; l'accusateur public lui reprochait les propos injurieux qu'il avait
tenus contre la nation, les jurés le déclaraient coupable et le
tribunal le condamnait à mort, comme étant convaincu d'être
un ennemi du peuple, en cherchant à anéantir la liberté
publique, en provoquant le rétablissement de la Royauté et
la dissolution nationale.

A la même audience, Marie Langlois, domestique à Lévy-
Saint-Nom et Cousin, gendarme à Dourdan étaient condamnés à mort.

Le même jour, ils étaient exécutés tous les trois.

TOURS

IMPRIMERIE DESLIS FRÈRES

6, Rue Gambetta,

www.ingramcontent.com/pod-product-compliance
Lightning Source LLC
Chambersburg PA
CBHW052152090426
42741CB00010B/2243